DAVID GRITZ JONAH LYNCH

ASPETTARE INSIEME

CARTEGGIO TRA AMICI

Postfazione di Massimo Camisasca

MARIETTI *1820*

Traduzione: Edoardo Rialti e Sofia Novello

Realizzazione editoriale: Silvia Cadrega e Oriana Bianchetti

Stampa e confezione: Rilegatoria Varzi - Città di Castello (PG)

I edizione italiana 2008

I ristampa 2008

ISBN 978-88-211-6448-4

www.mariettieditore.it

Finito di stampare nel mese di settembre 2008

Indice

Introduzione

Perché pubblicare queste lettere, così personali? Non ho saputo rispondere a questa domanda per sei anni. Mi sembrava indiscreto, così le lettere sono rimaste nel cassetto. Ora però sono convinto che sia necessario pubblicarle.

Lo faccio innanzitutto per riconsegnare agli amici di Comunione e Liberazione un tesoro che appartiene a loro. Io devo tutto a CL, e devo la mia appartenenza a CL a David. Devo a lui il fatto che io non sia venuto meno alla grande domanda di senso che mi ha fatto incontrare CL, la Chiesa, e poi la Fraternità San Carlo. Amare lui mi ha anche insegnato a tenere insieme elementi apparentemente opposti, «concentrazione senza eliminazione», direbbe Eliot. Nel movimento nato da don Giussani, l'interezza della vita, il non ridurre nulla, ha una grande importanza. Penso che la vita di David possa essere una testimonianza di questa totalità vissuta.

Penso anche che queste lettere possano essere motivo di speranza nella sempre difficile situazione di Israele e che, forse, possano indicare una strada per la convivenza. Le persone riescono a convivere là dove c'è un bene più alto della terra e della giustizia umanamente intesa. L'amicizia è la strada maestra per scoprire questo bene.

Dietro la siepe

Ci siamo conosciuti a Montréal nel settembre del 1996.

Io arrivavo dall'Oregon, l'estremo ovest degli Stati Uniti, terra bellissima di pianure, colline, montagne e con pochissimi abitanti. Uno degli ultimi stati a essere abitato, l'Oregon tuttora conserva un sapore di frontiera incolta e indipendente. Finito il liceo ho deciso di andare alla McGill University di Montréal. Mi attraeva quella città francofona, quasi europea, la facoltà di fisica, nonché il gusto dell'avventura.

David veniva da Parigi, figlio di un professore americano e di un'artista croata. Era già cosmopolita, violinista diplomato, e godeva del trattamento di favore che il Québec riserva ai cittadini francesi. Voleva studiare lettere nella facoltà della McGill, che offriva una laurea trasversale tra filosofia, lingue, storia e scienze politiche.

Dopo pochi giorni di università, mi trovai con un chitarrista che avevo appena conosciuto a suonare in una sala della residenza universitaria dove alloggiavo. Mentre suonavamo, uno sconosciuto arrivò con un violino e, senza dire nulla, si mise a suonare con noi. Siamo andati avanti così per un po', poi ci siamo presentati. «Ciao, sono David». «Piacere, Jonah».

Quella sera uscimmo con degli amici per sentire un concerto che si rivelò bruttissimo. Tornammo a casa presto, lasciando gli altri. Lungo la strada discorremmo di estetica: perché quel concerto ci era sembrato così brutto, se era solo una questione di gusto personale o se si poteva giudicare in assoluto, che cosa è la Bellezza. Provavo un sentimento vicino all'ebbrezza, un misto di orgoglio e gratitudine. Era la prima volta che avevo trovato un interlocutore con cui discutere di questi temi.

Poche sere dopo, la nostra conversazione toccò i temi che sarebbero rimasti fondamentali per il resto della nostra amicizia: Dio, la moralità, l'amore. La lettura de *I Fratelli Karamazov* mi aveva scosso fino a perdere la fede trasmessami dai genitori; David era agnostico «per mancanza di dati», figlio di un ebreo e di una cattolica non praticanti. Ma entrambi sentivamo il bisogno, urgente, di dare una risposta a queste domande, e ciò era in contrasto con il «dolce nichilismo» di cui è piena Montréal.

Nei primi giorni di ottobre, quando gli aceri del Québec si colorano di rossi fiammeggianti che lasciano abbacinato chi li vede per la prima volta, noi due decidemmo di passare un fine settimana nella foresta delle Laurenziane al nord della città, dove i colori sono ancora più accesi. Furono giorni meravigliosi, scanditi da lunghe passeggiate al sole e all'aria fresca, conversazioni complesse e pasti semplici e gustosi. In albergo David mi iniziò a Mozart – il quintetto per clarinetto e archi – e io gli lessi le mie poesie allora preferite, i sonetti di Shakespeare. Tornati all'università, un compagno di corso mi chiese: «Ma non ti sei stufato di lui? Tre giorni assieme...». Non mi era neanche passato dalla testa di stufarmi di lui. Per la prima volta avevo un amico con cui condividere tutto.

Continuavamo a discutere di ogni cosa: la vita eterna, le donne, la musica, spesso fino a tarda notte. Nel frattempo, oltre al regolare corso di laurea in Fisica, avevo cominciato a frequentare una lezione di filosofia settimanale che si chiamava *Ethics in practice* (l'etica vissuta), in cui i temi scottanti di attualità – aborto, eutanasia ecc. – venivano affrontati da professori e professionisti del settore invitati di volta in volta. Mi piaceva molto il corso, e una sera di novembre invitai David a venire con me. Doveva parlare un certo John Zucchi, professore di storia, della moralità biblica e dei dieci comandamenti.

Ci sedemmo in fondo alla sala e il professore cominciò a parlare. Spiegava il significato tradizionale dei comandamenti. Sembrava quasi che lui stesso si stesse annoiando. A un certo punto, alzò lo sguardo e, con occhi straordinariamente penetranti, disse: «Però, ragazzi, la moralità non è una regola. È l'espressione dell'appartenenza». Ricordo di aver scritto quella frase con un sussulto per la sua novità affascinante, ancora incomprensibile per me. Anche David la notò. Poi la lezione finì, ma, mentre stavo per andare via, David insistette: «Dobbiamo chiedere cosa voleva dire quella frase». Io ero stanco, ma l'insistenza del mio amico non ammetteva discussione. John, quando ci vide e ascoltò la domanda che David gli rivolgeva, si è illuminò e ci invitò a bere un caffè con lui.

Dopo due ore di conversazione sulla fede e la certezza, non eravamo ancora convinti, e John doveva tornare a casa.

Alla fine ci disse in tutta semplicità: «io ho capito queste cose con i miei amici. Se volete, venite a incontrarli venerdì sera». Andammo, quel venerdì, all'altro capo della città per stare con gli amici di John, che facevano una specie di catechismo per adulti che si chiamava la *Scuola di Comunità*. Fu l'inizio della mia conversione.

Andai con una certa costanza a quegli incontri per tutto quell'anno. David veniva meno spesso, perché voleva uscire con gli amici il venerdì sera, ma anche lui apprezzava la singolare intelligenza e lo spirito di comunione di quel gruppo; soprattutto apprezzava gli scritti di don Luigi Giussani che leggevamo insieme.

Alla fine dell'anno, David era in dubbio sul da farsi. Poteva continuare gli studi a Montréal, oppure poteva tornare a Parigi e prepararsi per l'esame di stato per entrare alla École Normale Supérieure, scuola d'élite per antonomasia. Verso la fine dell'estate, decise di tornare a Parigi.

Da allora il nostro rapporto si nutrì di lettere. Durante i lunghi periodi di separazione, era il modo per proseguire il grande dialogo portato avanti durante un anno di convivenza stretta. Ogni tanto ci si sentiva per telefono, ma più per sentire la voce dell'altro, non tanto per conversare. Aspettavamo le vacanze per stare assieme.

L'estate del 1998 fu la prima di queste vacanze, iniziata a casa sua a Parigi. Il nostro progetto era di passare un mese viaggiando in autostop per tutta la Francia, suonare i nostri violini per strada per guadagnarci da vivere e in questo modo soddisfare la sete di avventura che ci investiva. Per due settimane rimanemmo a Parigi per studiare la musica che avremmo portato con noi. Poi partimmo.

Marseilles, Aix en Provence, Bordeaux, Rennes... Per un mese intero andammo in giro a suonare, chiedendo passaggi in macchina e incontrando la gente più diversa e improbabile. La notte dormivamo in tenda. Bussavamo alla porta delle case che avevano un piccolo giardino in cui mettere la tenda: ci dicevano sempre di sì. Spesso ci regalavano del cibo o delle birre. Qualche volta addirittura ci invitavano a cena, suonavamo con la famiglia o anche con tutti gli abitanti dei piccoli paesi, e rimanevamo a dormire nella casa. L'accoglienza fu sempre sorprendente, e ci ripromettemmo di ricambiare quando saremmo stati nella condizione di farlo.

Suonavamo la musica più diversa: dal celeberrimo *Canone* di Pachelbel, che faceva piangere le vecchie signore – «la vostra musica è *deliziosa*», ci sussurravano – ai duetti di Bartók, che disperdevano la folla ma attiravano due o tre intenditori meravigliati di sentire musica contemporanea per strada. Poi, con le tasche piene di monete sufficienti per arrivare a fine giornata, ci ritiravamo nei giardini pubblici per discutere o leggere: lui Proust, io Pascal.

Una volta, in Bretagna, ci accampammo accanto a una siepe di cipressi fitti e molto alti. Mentre il sole tramontava dietro la siepe, ci mettemmo a leggere con l'ultima luce del giorno. Le nuvole sparse che vedevamo davanti a noi si tingevano di rosa, e David smise di leggere per contemplarle. Mi ricordo il suo sguardo stupito; io invece non pensavo che fossero gran che. Sapevo che dall'altro lato della siepe si sarebbe vista ben altra bellezza, così ci infilammo tra i cipressi per vedere. Si aprì davanti a noi il tramonto più spettacolare che io ricordi: tutto il cielo era coperto di nuvole rosse, arancioni, rosa, striate come un campo arato.

Eravamo così: lui, capace di amare ogni cosa, anche la più piccola e infima, mi innervosiva a volte per la sua diffidenza nell'affermare il fondamento unitario dei fenomeni che amava. E io, impaziente e talvolta ottuso, con poco amore per la vita concreta, rischiavo di allontanare il mio amico con discorsi universali e prematuri. Nel tempo, lui mi ha insegnato ad amare molte cose che altrimenti avrei trascurato, mentre io ho cercato continuamente di «portarlo all'altro lato della siepe», fargli vedere la sorgente della luce che lo affascinava.

Dopo quel viaggio straordinario, la nostra vita insieme fu sempre all'insegna della polarità particolare-universale. David inizialmente fu affascinato dal conflitto di interpretazioni in Nietzsche. Andò oltre studiando il pensiero ebraico:

trovò nell'etica della Torah, letta con gli occhi di Lévinas, un pensiero universale, e in breve tempo affermò anche la validità universale della Torah stessa. Era però sempre una universalità possibile, aperta a tante letture.

Nel frattempo, io trovavo nutrimento nella metafisica classica, che vede le connessioni fra tutte le cose, la grande unità che lega per analogia ogni cosa a Dio. Ero entrato in seminario[1], studiavo e pregavo e cominciavo a vivere la vita di una comunità religiosa. Alcune volte mi trovai a rischiare di cadere in quella chiusura che David temeva e che ha espresso più volte nelle sue lettere.

Nel 2001 cominciai a scoprire la Trinità, che era ed è per me la chiave bellissima per affrontare il problema che si stava consolidando fra noi due. Che Dio è Uno e Trino significa che l'Alterità è già e sempre all'interno di Dio stesso, che l'amore precede ogni essere e fonda ogni verità. L'Uno è anche Trino, molteplice; è vita, è amore, è pienezza insondabile, mai racchiudibile in qualche schema meschino. Purtroppo non sono mai riuscito a comunicare a lui queste scoperte.

Finiti gli studi in Scienze Politiche nel 2002, David si trovò a scegliere la strada per il suo futuro. C'era una borsa di studio a Berlino, indirizzata a un lavoro nell'Unione Europea, e un'altra a Gerusalemme, per una tesi sulla Torre di Babele e il pluralismo politico. Scelse Gerusalemme.

Quell'estate andai negli Stati Uniti a lavorare con alcuni preti missionari della mia Fraternità. Portai un gruppo di ragazzi a Toronto per la Giornata Mondiale della Gioventù, e poi passai a Montréal per salutare gli amici che non vedevo da anni. Il secondo giorno della mia permanenza lì, mi giunse la telefonata dei genitori di David: era rimasto ucciso, dilaniato da una bomba nella caffetteria dell'università a Gerusalemme. Il mio primissimo pensiero, irriflesso, fu: «adesso lui vede. Adesso lui vede la verità». Poi le lacrime mi inondarono, mentre ripassavo nella mente sei anni di amicizia.

[1] Ho raccontato altrove i passi di questo cambiamento così radicale: vedi M. CORRADI, *Innanzitutto uomini*, San Paolo, 2007.

Strano che fossi a Montréal, dove tutto aveva avuto inizio. Andai subito a casa di John Zucchi, quel professore che avevamo conosciuto anni prima, e dal suo salotto chiamai il mio superiore, don Massimo Camisasca. «Non c'è più un muro fra di voi», mi disse.

Poi, con tutta la famiglia di John, andammo a recitare un rosario all'oratorio dedicato a san Giuseppe. Quali sentimenti contrastanti quel lunedì, a contemplare i misteri gaudiosi pregando per la morte di un amico!

Due giorni dopo ero a Parigi.

Il muro occidentale

Al funerale di David, il rabbino che officiò la cerimonia nel cimitero di Montparnasse disse: «non ci può essere pace senza giustizia», riferendosi a Israele che allora era martoriata da attacchi terroristici quasi quotidiani. Era un momento di forte significato politico: la Francia era rappresentata da ambasciatori e ministri che porgevano le condoglianze; trovarono per David una sepoltura nel cimitero più esclusivo della città. Mentre la gente cominciava a diradarsi dopo la cerimonia, un giornalista della televisione francese si avvicinò e mi chiese un commento alle parole del rabbino. Nella confusione di sentimenti di quel momento, stordito dalla inanità di un giornalista che mi chiedeva di commentare per i suoi milioni di telespettatori una morte personalissima, ricordai improvvisamente le parole che papa Giovanni Paolo II aveva pronunciato poche settimane prima: «è vero che non ci può essere pace senza giustizia. Ma non ci può essere giustizia senza misericordia».

Penso ancora che sia così. Ma cosa può convincere chi è invece accecato dalla rabbia? Esistenzialmente, non è forse chiedere l'impossibile, chiedere misericordia a chi perde l'amico, l'amato, il figlio per mano di un assassino anonimo? Per quanto mi riguarda, è stata l'amicizia con David, che per primo mi ha aperto un orizzonte più ampio in cui vivere le contraddizioni e le violenze nella mia vita e nel mio cuore.

Durante l'estate 2007 andai per la prima volta in Medio Oriente. Il 4 luglio, il giorno dopo il mio arrivo a Gerusalemme, mi recai alla Hebrew University per pregare nel luogo dove David era morto, insieme a sua madre e a don Massimo, che aveva conosciuto David. Ho scritto nel diario: «la visita all'università ebraica è stata commovente, ma ancora di più è stata quella al *Kotel*[2]. Non riesco a leggere la morte di David se non alla luce della distruzione e della profanazione di questa città. Il Muro Occidentale mi ricorda potentemente che occorre ricominciare dalle nostre rovine. Solo Cristo è una presenza positiva qui: gli arabi e gli ebrei non hanno molto riguardo per chi non è dalla loro parte. E i cristiani pellegrini, profondamente ignoranti e volgari, sono spesso senza apparenza né bellezza... Mi ha commosso vederli a Getsemani, così inconsapevoli (un gruppo di spagnoli parlava di *Patanegra*...). E pensare che Gesù è stato disponibile a morire per loro, per me. "Ecco, faccio nuove tutte le cose" era ed è l'unica parola positiva possibile in questo luogo».

Presso il Muro Occidentale, vestito da prete, ho indossato la *kippà*, e sono andato a pregare davanti a quelle vecchie pietre. Per me la morte di David è legata al disastro di Israele, alla distruzione del tempio e all'idolatria, all'amore difficile e violento di un Dio che permette al popolo di sperimentare le conseguenze delle proprie scelte. Davanti a quelle pietre pensavo che è proprio necessario ripartire da qui, dalle nostre rovine, per ritrovare la strada buona. Ed è proprio qui, nella nostra rovinosa, peccaminosa vita, che Cristo è venuto per rialzarci.

Poiché amo David, non posso odiare né Israele né la Palestina, né gli ebrei né i musulmani. La sua morte è un evento che mi impedisce di essere integralista. C'è lui a ricordar-

[2] Il cosiddetto Muro del Pianto, anche chiamato il Muro Occidentale, è tutto ciò che rimane del tempio di Gerusalemme, distrutto una prima volta dai Babilonesi nel 586 a.C. , al tempo del profeta Geremia, poi ricostruito, e definitivamente raso al suolo dai Romani nell'anno 70 d.C.

mi il prezzo dell'odio, e allora scegliere una parte a esclusione dell'altra non mi è proprio possibile. Resta soltanto la struggente posizione di Cristo, il suo pianto sulla città che non ha accolto il suo salvatore, il suo «perdona loro, perché non sanno quello che fanno», la sua morte e resurrezione.

Suoneremo ancora

Appunto: nascita, vita, morte, resurrezione. Scrivo queste righe a Natale 2007, la mente piena della nascita che ora celebriamo e della recente enciclica del papa, *Spe salvi*. Non riesco a leggere la vita e la morte del mio amico più caro senza anche pormi una domanda sulla sua vita attuale, futura, eterna. Ci vedremo ancora? Non posso evitare questa domanda. Credo, con la fede acquistata per grazia e con la speranza che è certezza delle cose future, di sì. Suoneremo ancora, nel dialogo meraviglioso di temi e variazioni intrecciati, sviluppi sorprendenti eppur armoniosi, per l'eternità.

Spiegare nel dettaglio l'itinerario che mi porta a questa affermazione così scorretta, così poco scientifica, esula dallo scopo del presente libro, che vuole semplicemente raccontare la storia trascorsa durante sei anni tra David Gritz e me. Attraverso le nostre lettere, però, spero anche di rendere un poco ragione della mia grande speranza. Voglio descrivere un'amicizia, quel bene completamente inutile e perciò sommamente necessario, avendo sperimentato il quale non si riesce più a credere che tutto finisca. Per quanto sia una percezione oscura, è inammissibile che un vero amico semplicemente non sia più. Bisogna farsi violenza per dirlo.

Non si tratta però soltanto del mondo futuro, bellissimo e desiderato. Si tratta soprattutto della presente vita in questa nostra «terra di mezzo». «Il fatto che ci siano fratelli, per quanto amati, non elimina la necessità dell'amico. Per vivere tra i fratelli bisogna avere un amico, anche lontano», così ha scritto il grande teologo russo Pavel Florenskij, morto martire nel lager sovietico delle isole Solovki. Avere un amico permette di vivere il dramma di questa vita senza riduzioni o fughe. È un compagno di viaggio, persino quando non è fisicamente presente. È una presenza che vince ogni lontananza. Un velo temporaneo ci separerà ancora per qualche anno, ma quanta forza, dolcezza, pazienza, umorismo e gioia traggo già dalla sua continua presenza!

Il mio spirito a volte meschino, oppure rigidamente e poveramente logico, appare ogni tanto nelle mie lettere. Non importa: voglio che anche nei difetti che ho avuto, e che ho ancora, appaia la potenza efficace dell'amicizia. L'avventura straordinaria qui raccontata deve essere visibile proprio nella sua quotidianità, e quindi nella sua universalità.

Sarebbe dannoso e crudele sfoggiare discorsi pseudo-intellettuali e viaggi dal sapore epico-romantico per mettersi in mostra e vendere libri. Era questo che mi ha bloccato durante questi anni. Temevo di destare l'invidia e non il desiderio puro e struggente di vivere l'amicizia così. Temevo di indurre a pensare che un'amicizia di questo tenore sia solo per pochi, i fortunati. Ora sono convinto che David stesso, attraverso le sue lettere, potrà sfatare questo rischio. La sua straordinaria purità di spirito gli ha fatto superare le tentazioni dell'intelletto, l'estetismo e il solipsismo. Ha preso la sua vita sul serio e così è diventato un'umile e luminosa presenza nella mia vita e nella vita di tantissimi altri. Al di là del dialogo tra noi e i temi trattati, sono convinto che David tenderà a diventare amico di chi lo legge.

Il cuore della vicenda sta molto semplicemente nello sguardo di un uomo a un altro uomo. Sguardo che riconosce «tu mi sei amico», e ne è sorpreso. Sguardo che non permette all'altro di venire meno a questa amicizia. Sguardo che rende l'altro capace anche di opporsi all'amico, consapevole che in definitiva l'amicizia è più ampia delle differenze di opinione e che la verità non può essere divisa dalla carità.

Da questa esperienza semplice è scaturita la mia grande speranza. Tu non morrai. Dio è amicizia, comunione. Impossibile che l'esperienza mia più simile alla Sua sia destinata miseramente a finire nel vuoto.

Voglio presentare una testimonianza, però, non una deduzione. Nell'amicizia abbiamo gustato un poco di ciò che sarà la vita eterna. L'aspettiamo, in questa vita temporale piena di gioia e dolore, di amore e violenza, luci e ombre. Ma aspettiamo insieme.

Jonah Lynch

Carteggio tra amici

(1997-2002)

1

Parigi, luglio 1997

Jonah,

che bello sentire di nuovo la tua voce l'altra sera – peccato solo provenisse dall'altro capo del mondo e non da qualche posto più vicino a dove mi trovo io adesso.

Come ti ho detto, mi sto godendo il caldo e il dolce far niente. Una volta ti dissi (è stato quel giorno sotto la tua finestra ad ascoltare Rachmaninov) che sentivo un cambiamento in arrivo e che forse stavo per cominciare a comprendere il senso della mia vita e far luce sui miei doveri interiori. Questo a seguito della nostra conversazione «religiosa», fatta quella sera tardi in camera tua: è stato in quel momento che ho capito che doveva esserci un'entità superiore. Avevo già avuto delle percezioni, delle vaghe intuizioni di tale stato superiore: luce, chiarezza, vento, soprattutto vento, a cacciare via il monotono nauseabondo odore del vivere quotidiano... Come se una cortina, calata per nascondere quel mondo trascendentale (benché forse immaginario – chi può dirlo...? –, io però mi sforzo davvero di crederci), fosse stata sollevata appena di qualche centimetro e alcuni raggi di luce filtrassero per poi chiudersi ancora e ricacciare indietro la consapevolezza: questo è il sedicente gioco della vita quotidiana. Beh, credevo che la cortina si sarebbe alzata di nuovo, rivelandomi qualcosa... Ma niente... Immagino che mi manchi ancora l'autodisciplina perché ciò avvenga. Non scrivo più niente da febbraio, non mi dedico più seriamente alla mia musica (perdona la mia terribile calligrafia – e la forma –, ma è tardi e sono a letto...). I miei amici qui sono una piacevole compagnia, ma dubito possano offrirmi qualcosa che possa farmi crescere. La città invece è ancora più bella e incantevole di quanto ricordassi. Dieci giorni fa ho fatto fare un giro a E., così, se vieni una volta, ti accompagnerò in un tour della città da vero e proprio cicerone! Ti ho pensato molto ultimamente. Sei stato così importante per la mia crescita interiore – forse non lo sai, ma mi hai aiutato a vedere me stesso in modo più chiaro e onesto. La nostra amicizia è stata – e ancora è, ovviamente – assolutamente necessaria per me. Anche se le nostre provenienze e i nostri metodi spesso si scontrano, facendoci intraprendere strade diverse, sono sicuro che dietro queste «formalità» partiamo da una base comune. Quindi, anche se nella vita di tutti i giorni ci sono state tensioni tra noi, alla fine le giudico insignificanti.

Non ho altro da scriverti. Non vedo l'ora di vederti con L. in agosto (è grandioso che il nostro Jonah-Jean Valjean stia diventando un po' Jonah-Marius. Se fosse stato un altro, non sarei così contento...). Ancora non ho deciso niente per l'anno prossimo (sono stato riammesso alla scuola a Parigi). Se vuoi andare a vedere un film, ti consiglio *Riccardo III – Un uomo, un re* (è sul Riccardo III di Shakespeare... vale davvero la pena di vederlo).

David

Scrivi presto...

2

Cartolina da Ste. Victoire, estate 1997

Caro Jonah,

è fatta... Niente Montréal l'anno prossimo per me... Non so se sia la decisione migliore, ma immagino mi sarebbe dispiaciuto non provare a vivere nella mia città natale. Poi, si sa che sopravvivere in un posto più ostile o meno socievole rende più forti... In questo preciso momento sto attraversando il Sud della Francia in autobus. Ho appena lasciato il paese ai piedi del monte sulla cartolina. Immagino spesso, mentre cammino attraverso queste strade antiche, la conversazione e i commenti che avremmo fatto se fossimo stati qui insieme... ci vediamo in agosto...

Il tuo amico David

3

Parigi, settembre 1997

Caro Jonah,

ci siamo parlati al telefono l'altro giorno, ma è caduta la linea. Spero davvero tu possa venire il 10 ottobre, anche se solo per dodici ore. Se vieni il 10, credo sarà proprio l'anniversario esatto del nostro viaggio alle Laurenziane[1]... un anno! È incredibile come il tempo matematico, nei nostri cervelli e sui nostri orologi, sia così diverso da quello nei nostri cuori: quest'anno per me è durato una vita. Ricordi quella mattina di ottobre quando siamo scesi e siamo andati fuori sul portico del nostro alloggio *Auberge de Jeunesse*? La soffice brina sulla terra, le tonalità rosse che contrastavano con il cielo blu riflesso sul lago di fronte... Quelle mattine così pure: davanti a noi tutta una giornata da vivere (e il pane, il formaggio, gli alberi e i tuoi sonetti di Shakespeare ad accompagnarci: forse possiamo finire di leggerli durante il nostro prossimo viaggio insieme, insieme ai *Quartetti* di T.S. Eliot...), l'aria fresca, tutti e due in salute (ho appeso in camera mia quella foto di noi due davanti al lago: sembriamo due veri taglialegna canadesi).

Per come la vedo adesso, stento a credere che la stessa persona, lo stesso *io*, abbia vissuto quei momenti. È come se a ogni cambiamento di luogo si perda una goccia della

[1] Montagne a nord della città di Montréal, rinomate per la bellezza dei colori d'autunno.

nostra più vera essenza nel tempo... e col passare del tempo, da allora, si cerchi di recuperare queste gocce del nostro vero *io* attraverso ricordi, con la memoria, nel tentativo disperato di riassimilarne il senso con le nostre menti (o piuttosto con i nostri cuori). Forse sono soltanto depresso un'altra volta... Perché sono rinchiuso dentro me stesso? Quando sono fuori nel mondo, di nuovo io, percepisco costantemente quel muro che mi separa dagli altri – gli occhi scintillanti che mi giudicano, che troppo si aspettano da me... Il grigiore? Dovremmo definire quel grigiore, tutti e due, e vedere di che cosa è fatto. Siamo d'accordo che la depressione riguarda gli egoisti. Ma qual è la ricetta segreta per la fuga, o per riuscire a controllare il nostro involucro come vogliamo? Spero davvero che «quello che non si conosce è l'unica cosa che sappiamo»: dobbiamo ricorrere a qualche tipo di metodo archeologico per stabilire cosa giace in fondo al nostro corpo, per «scavare» sotto la montagna di stupidaggini che ci hanno condizionato fino a oggi e trovare la pietra preziosa (ma scavare implica *lavoro*, l'unico sfortunato metodo che si possa utilizzare, l'esatto opposto della semplicità, che poi è probabilmente l'unico che non ci condurrà mai a quella sostanza...).

Sono ancora impelagato in mezzo al mio oceano personale (bello avere il proprio oceano personale, vero?), ma è sempre più difficile resistere. Nessuno dei miei amici di Parigi mi è d'aiuto. A volte l'interesse per quello che imparo giorno per giorno mi dà la forza di continuare, ma poi succede che invece mi affonda. Per quanto riguarda N., ho paura che mi stia innamorando di lei piuttosto che amarla (voglio amarla, ma ci vogliono due persone per l'amore, e oggi come oggi penso sempre più spesso di essere l'unico a voler «provarci»...) e, peggio che mai, mi è impossibile parlare di questo con lei. Ma sono tornato a Parigi per soffrire, sapevo a cosa andavo incontro: se voglio essere più forte in futuro devo vincere questa città, prenderla come abbiamo preso Mike e scaraventarla una volta per tutte nel bidone della spazzatura (la battaglia contro Parigi è piuttosto una battaglia contro me stesso, un altro *io* – forse dovrei buttare me stesso nel bidone della spazzatura!). Almeno ho la mia «famiglia» di Montréal che mi supporta psicologicamente (e in quella famiglia per me tu sei mio fratello).

Un'ultima cosa sulle Laurenziane che forse, spero, ti farà piacere: la tua meravigliosa *Suite* mi riecheggia nelle orecchie tutte le volte che ripenso a quel posto...

A presto, David

Il giorno seguente

Sono successe due cose dalla scorsa notte, quando ti ho scritto questa lettera:

1 – aspettando l'autobus, e poi sull'autobus di ritorno, ho avuto un'intuizione su «quello che non si conosce è l'unica cosa che sappiamo». Un fatto preciso, concreto e casuale, ha innescato il ricordo di un pensiero che ho avuto due settimane fa (che avevo dimenticato e che mi ha fatto ricordare anche diversi sogni che avevo completamente rimosso, ma che era *cruciale*). Sono caduto in una specie di trance, ho perso la cognizione del tempo e ho perso la mia fermata. Dopodiché la mia percezione della visione era come diventata «più pura», quasi rinnovata e mutata da uno strano vento nascosto da qualche parte nella mia mente. Adesso l'inizio di questo giorno sembra lontanissimo. Jonah, non posso ricadere in quello che ero prima, ma succederà presto. Questo è un punto di svolta.

2 – subito dopo questo viaggio nella mia mente (è stato un vero e proprio viaggio) ho parlato con N. Sembrava distante e mi ha detto che dovevamo parlare. Ho annuito e il mio cuore ha cominciato a battere fortissimo... Verrà qui stasera e sono contento che me lo abbia detto al telefono, ma ho paura: la conversazione che avremo è necessaria, ma temo che farà finire la nostra relazione e non so se riuscirei ad accettarlo. Jonah, sono così incredibilmente fragile!

Il tuo amico, David

4

Montréal, settembre 1997

David,

sono seduto in quel posto dove vendono falafel dall'altra parte di Second Cup su via Parc, accanto a quattro ragazze che chiacchierano in francese: finché parlano in francese non mi danno fastidio.

Ho rinunciato all'analisi matematica e mi sono messo a leggere *Little Gidding* nei *Quattro quartetti*. Avevo i brividi quasi tutto il tempo, soprattutto quando scrive: «Non siete qui per verificare, per istruirvi, riportare curiosità o fare rapporto. Siete qui per inginocchiarvi dove la preghiera è stata valida».

Questa poesia continua a salvarmi dalla disperazione e dall'insidioso grigiore. Certo, sto diventando molto scettico riguardo le imprese intellettuali, come mostra il primo passo citato. Purtroppo, la Chiesa non mi è di grande aiuto. Sono andato a parlare con un prete di St. Patrick, ma non ha capito nulla. Parlerò presto con John Zucchi di questo, ma non so se riuscirà ad aiutarmi più di quanto abbia fatto l'anno scorso. T.S. Eliot, la Chiesa, i miei genitori, le mie impressioni personali sulle vite degli altri: tutto mi dimostra che la scelta religiosa/filosofica individuale è del tutto soggettiva, fondamentalmente basata sulla fede, anche se non necessariamente spiegata. Immagino significhi che dovrei scegliere il sistema che la mia mente eccessivamente soggettiva ritiene essere migliore e confidare nell'idea che «possiamo solo tentare».

Più di tutto cerco una visione unificante del mondo per dare anche alle banalità della vita una direzione e un senso (ricordi *Alla Ricerca del Volto Umano*?). Sto ancora leggendo i Vangeli, perché se Gesù era davvero Dio, questo cambia tutto. Ma sono solo più confuso, più triste, disincantato. Questa storia potrebbe davvero essere letta in tutti e due i modi, per quello che ne so. Caro David, cosa possiamo fare? Non ci resta altro che la cieca fede nell'uno o nell'altro schema sostenuto, entrambi dubbi e tutti da dimostrare? Ma alla fine è davvero così importante? E perché credo che sia importante?

Quando non so nulla e ho solo un ricordo intellettuale dell'amore dei miei genitori, o del fatto che l'amore mi ha liberato dalla depressione o che ti voglio bene, David, quando riesco solamente ad averne memoria e non lo percepisco, il mio mondo va alla deriva. T.S. Eliot è un'ancora provvisoria. I venerdì con John Zucchi e gli amici sono un'ancora provvisoria. Le telefonate del lunedì sera in Irlanda mi danno calore e conforto. E tutti puntano le loro grandi dita nella medesima direzione. Tutti suggeriscono un'unità in cui «il fuoco e la rosa sono un tutt'uno», un unico scopo e un unico criterio nel quale «tutto andrà bene e le forme delle cose evolveranno al meglio», ma tutti sono vaghi e non mi resta che indovinare.

Basta ora. Conosci il resto. E ti voglio bene.

«La sola saggezza che possiamo sperare di raggiungere è quella dell'umiltà: l'umiltà è infinita».

«Noi possiamo solo tentare. Il resto non è affar nostro».

Quando si è umili, riconosciamo il quasi totale fallimento e l'indegnità che ci appartengono. Ma solo «in parte», nota bene, perché cerchiamo di migliorare, e c'è sempre la speranza di riuscirci. L'umiltà non ci porta automaticamente alla resa, perché resta la speranza che saremo giudicati sulla base del nostro impegno e non tanto e non solo per gli scarsi risultati che non ci permettono di raggiungere comunque l'ideale.

Tuo, Jonah

5

Montréal, 19 ottobre 1997

David,

scusa se ci ho messo così tanto tempo. Le cose vanno bene. La mia penna è di solito più ispirata dal dolore piuttosto che dalla pace. Ecco quello che succede qui: stasera ho fatto le prove con Gabe e Andrew. Andiamo in scena con un piccolo show tra poche settimane, ma non so quanto durerà. Mi sono presentato e sono stato selezionato per un musical che sarà rappresentato quest'anno (è la stessa compagnia che l'anno scorso ha messo in scena *I pirati di Penzance*). Scrivo recensioni di cd musicali e concerti per un giornale di musica classica di Montréal. Mi danno un sacco di biglietti gratis per i concerti e gli ultimi cd usciti. Questo mese ho recensito il lavoro di Joshua Bell, per il concerto per violino di Mendelssohn, e quello di un gruppo di musica da camera alle prese con un trio e la terza sonata per violino di Brahms. Per quanto riguarda i cd, sto scrivendo una recensione comparata su due cd di musica di Schubert, la 5a e la 8a Sinfonia, e un'altra sul *Miserere* di Górecki. Devi proprio ascoltare qualcosa di Górecki. Prova la sua 3a Sinfonia. Sto anche facendo progressi – lenti ma costanti – in francese. Al coro venerdì cantiamo la *Sinfonia dei Salmi* di Stravinskij. Stanno cominciando gli esami di fine trimestre. Questa settimana ho *Calcolo III*, la prossima *Algebra Lineare* e *Meccanica*. Con John Zucchi ci vediamo ancora molto spesso, mi mantiene sano di mente. È davvero un brav'uomo. Il martedì faccio babysitteraggio per poche ore ad alcuni ragazzini di una casa popolare. Anche questo mi fa bene: con i bambini è impossibile concentrarsi troppo su se stessi. Frequento anche molto Carolyn. È venuta con me a sentire Brahms ieri. Infine, mi sto facendo crescere la barba.

Ora basta per un po' con le frasi troncate e lo stile affrettato. Con tutte queste attività che mi assorbono, c'è il rischio di perdere di vista le domande importanti che ci poniamo tu e io. Adesso che tu sei via mi viene fin troppo facile abbandonarmi alla vita rassicurante e felice con il mio coinquilino e mettere da parte le questioni elevate. Le ho, comunque, anche adesso ben presenti. Ecco le domande che mi ronzano in testa in questo momento:

– c'è forse qualcosa di speciale nelle mie capacità che mi rende responsabile dell'adempimento di qualche missione?
– sarebbe disonesto da parte mia lasciar perdere lo studio e dedicarmi alla semplice vita di campagna, che è il mio sogno?
– quale è lo scopo della critica e, in senso più ampio, dell'arte?

Vorrei poter spiegare il contesto di queste astrazioni, ma metterlo giù tutto a parole comporterebbe troppo lavoro e, anche se ci provassi, qualsiasi spiegazione sarebbe insufficiente. Per qualche motivo, qui mi sento in equilibrio e felice. Ho paura però che questo «dono» che mi permette di vedere con più chiarezza e di trovare una sicurezza reale sia solo passeggero: per questo sto cercando di non abbandonarmi troppo alla gioia. Ma la verità è che sono felice. Spero lo sia anche tu, ma a quanto pare la tua vita è molto diversa dalla mia di adesso. Avere a che fare con le realtà quotidiane della vita, cucinare, pulire, pagare le bollette, incontrare gente, fare vita sociale, fare vita solitaria, sentirsi solo e altro, mi ha dato, credo, una visione migliore della vita rispetto a quella che avevo a casa o l'anno scorso in collegio. Questo significa anche che non potrò fare troppo l'intellettuale: ci saranno sempre i piatti da lavare o l'aspirapolvere da far andare. Credo che il contatto con la realtà sia una cosa imprescindibile, e mi chiedo piuttosto se tu non corra il rischio di perderlo, mettendo su due piani diversi la vita del corpo e la vita della mente. Dimmi cosa ne pensi.

Ho invece idee confuse riguardo il fatto che tu non sia un tipo sociale. Chiacchierare è squallido, è vero. Non piace a nessuno dei due. Eppure la vita vera include interazioni banali (ricordi le conversazioni con K.?), ed eliminarle non è realistico. Cosa più importante, mi auguro che tu abbia trovato un confidente adesso che sia io che Carolyn siamo lontani chilometri. Per quanto mi riguarda (e forse, adesso, vale lo stesso per te), non sento più tanto il bisogno di un confidente. In un certo senso mi sembra di essere tornato alla stabilità degli inizi dell'autunno scorso. Forse si ripeteranno alcuni dei percorsi dello scorso anno, ma ne dubito. Penso invece che il nuovo anno confermerà le mie scoperte piuttosto che mettere in dubbio tutto ciò in cui credo, come è accaduto lo scorso anno. Ciò dipende in larga misura dal fatto che tu non ci sei: senza di te infatti non c'è nessuno che sfidi le mie convinzioni. Sono maledettamente bravo a raccontare stronzate per averla vinta nelle discussioni, e vinco, sì, ma non imparo nulla. Tu sei stato il primo a scoprirlo. Ora faccio affidamento sulla mia onestà ed è molto più difficile.

Caro David, questa lettera sta diventando assurda. «Luce! Luce! Sia fatta più luce!». È tardi e me ne vado a letto. Buona notte.

Saluti, Jonah

6

Parigi, dicembre 1997

Caro Jonah,

due temi, i nostri preferiti: stabilità, come ideale (la «terza via» ci conduce fin lì), e instabilità, decadenza. Perché condannare i nostri umori incostanti? Perché tendere verso quella stabilità? Perché vogliamo evitare il dolore fisico e mentale. Ma perché evitare il dolore, in qualsiasi forma? Non possiamo accettarlo? Potrebbe essere la strada giusta. La nostra angoscia mentale può essere la fonte del vero merito? Abbiamo diritto alla soddisfazione, all'assenza di dolore, alla «felicità»? Non esiste un effettivo pericolo nella stabilità? Forse dovremmo piuttosto accogliere a braccia aperte il mare che ci porta alla deriva. Una volta abbiamo detto che la depressione è da egoisti, ma sono piuttosto da egosisti il rifiuto di quella depressione e il diritto che invochiamo alla stabilità... Una cosa su cui riflettere...

A presto, David

Ps: i bar parigini in questa stagione sono eccezionali. È una sensazione meravigliosa stare a guardare questo tempo umido e piovoso da dentro un bar, con una tazza di caffè caldo in mano e un libro sotto gli occhi...

Ps 2: devi *assolutamente* ascoltare le *Variazioni Goldberg* suonate da Glenn Gould. Sono... strepitose? No, molto di più. Riceverai tra non molto una cassetta di Prokofiev che sto preparando per te.

7

Parigi, gennaio 1998

Jonah,

spero che questa cassetta ti piacerà. Lato A: il primo concerto per violino di Prokofiev – per ora credo sia il mio concerto preferito... (ma la maggior parte della gente preferisce il secondo concerto). Primo movimento: il tema iniziale è splendido: senti come l'orchestra si inserisce pian piano. Ricordati di questo tema, torna dopo... È incredibile come si sviluppi in certi punti (furore slavo inframezzato da armonie meravigliosamente romantiche). Verso la fine, il tutto rallenta e rimane solo il violino: da quel punto preparati all'estasi assoluta. Dopo i doppi accordi del violino, l'orchestra prende il suo posto – armonie pesanti, tetre, meditative che si innalzano lentamente verso picchi celestiali – e qui, con un sottofondo di armonie acute (il lieve accenno d'archi come se questi fossero da oltre il cielo), un semplice trio: violino, arpa e flauto – il flauto entra al tema di apertura del primo movimento, poi la corda alta del Mi del violino elabora un motivo talmente delicato! E l'arpa in sottofondo, quasi nascosta... aaah!

Secondo movimento: breve e buono, veloce, incredibile performance del violino e qualche piacevole accordo solenne nel mezzo (del tipo, decadenza romana...).

Terzo movimento: non farti ingannare dalla semplicità «rurale» dell'inizio! Un altro incredibile movimento... A metà pezzo – quando il violino comincia a fare scale folli dal basso verso l'alto e giù di nuovo –, tieniti stretto (i brividi che mi vengono da questo punto in poi spesso mi fanno sentire l'esigenza di guardare dalla finestra!). Pura meravigliosa follia: ascolta attentamente l'orchestra e il contrasto con il violino. Il tema dell'inizio del primo movimento va a chiudere suonato dal violino.

Sempre sul lato A ci sono i primi due movimenti del secondo concerto per violino (il secondo movimento è davvero bellissimo): suona stucchevole a volte, ma dà i brividi! È persino abbastanza famoso.

Lato B: uno dei miei quartetti per archi preferito, Janacek numero 2. Ascolta con attenzione, dimmi che ne pensi... Forse aggiungerò Dobrangis *Serenata per trio di archi*, la fine potrebbe essere tagliata. Anche questo è uno dei miei pezzi di musica da camera moderna preferito.

A presto, David

8

12 gennaio 1998

David,

rispondo alla tua nota sulla stabilità e instabilità che ho ricevuto a dicembre. Riscrivo qui ciò che mi hai detto in caso tu abbia dimenticato: «due temi, i nostri preferiti: stabilità, come ideale (la "terza via" ci conduce fin lì), e instabilità, decadenza. Perché condannare i nostri umori incostanti? Perché tendere verso quella stabilità? Perché vogliamo evitare il dolore fisico e *mentale*. Ma perché evitare il dolore, in qualsiasi forma? Non possiamo accettarlo? Potrebbe essere la strada giusta. La nostra angoscia mentale può essere la fonte del vero merito? Abbiamo diritto alla soddisfazione, all'assenza di dolore, alla "felicità"? Non esiste un effettivo pericolo nella stabilità? Forse dovremmo piuttosto accogliere a braccia aperte il mare che ci porta alla deriva. Una volta abbiamo detto che la depressione è da egoisti, ma piuttosto sono da egosisti il rifiuto di quella depressione e il diritto che invochiamo alla stabilità».

Non so davvero come controbattere, perché il senso di quello che scrivi dipende direttamente da ciò che intendi per *stabilità*, per *dolore*, *soddisfazione* e così via. Quando ho letto questa nota la prima volta mi sono messo a ridere: c'era una tale dissonanza tra essa e il tuo poscritto sull'estetica meravigliosa dei cafè parigini. Ma c'è altro. «Perché condannare i nostri umori incostanti?». Perché i nostri umori sono di natura quasi interamente chimica. Costituiscono in larga misura la natura più bassa e animalesca dell'uomo. Ci potremmo fermare qui, ma così facendo negheremmo il più grande potenziale umano. Qualsiasi musicista potrebbe raccontarti dei momenti in cui ha dovuto contrastare gli umori incostanti per far pratica di scale, *études* ecc., sicuramente poco piacevoli. La dedizione a una battaglia più impegnativa dell'immediata «ispirazione» è proporzionale al livello di grandezza raggiunta. Così il tuo caro Brahms getta via tutto eccetto il suo lavoro migliore, restìo ad accontentarsi di facili emozioni. Mi sembra piuttosto ovvio che, a un certo punto, se vale davvero la pena fare qualcosa, questo qualcosa vada fatto indipendentemente dal nostro umore. Ma non è questo il punto principale della questione. Tu scrivi: «perché tendere verso quella stabilità?», e rispondi che lo si fa per evitare il dolore. La mia esperienza negli ultimi cinque mesi mi insegna che si tende verso la stabilità indipendentemente dal fatto che le nostre emozioni si attenuino velocemente, e il minimo comun denominatore è proprio la grigia stabilità, non certo l'ipersensibile emozione che può essere dolorosa. In questo frangente, vedo solo due opzioni: la stabilità data da una giornata pigra e calda passata con le ragazze A. e N., un po' di musica e quattro chiacchiere, quel genere di distrazione che improvvisamente è già trascorso e sembra lontano nel tempo, lasciando posto a un vuoto; e la grigia e consapevole stabilità che segue l'esaurirsi del divertimento, l'amarezza strisciante e il calare del sipario della vita. Sembrano esserci solo sporadici momenti di lucidità per riconoscerci nel nostro stato reale. Nella mia esperienza personale, il primo tipo di stabilità, il vuoto solare del comodo agio, non può durare: la noia o le circostanze esterne lo derubano della sua gioia. Ora c'è solo il «crescente vuoto cerebrale» di Eliot, o l'angoscia di vedere me e Alisa scivolare di qua e di là sulla neve davanti alla tua finestra. Ora immagina solo quell'agonia senza una causa esterna: puro e semplice vuoto, delusione, e niente su cui riversare la tua insoddisfazione. Forse non è stato un buon esempio. Ma in ogni caso credo tu riesca a capire cosa intendo con uno stato povero di emozioni e ancor più carente in dolori, con l'eccezione di quello, scoraggiato, dell'insoddisfazione. Sono queste le uniche alternative? Vuoto da entrambe le parti? È esattamente questo il pericolo della stabilità.

Per quanto riguarda il mare che ci porta alla deriva, non dovremmo piuttosto accogliere le stelle che fissano il nostro vagare? E non dire che non ci sono stelle: a volte è nuvoloso e sono coperte, ma sai bene quanto me che, oltre le nuvole dell'insoddisfazione, dei diversivi o dell'alcol stanno splendenti e fissi dei punti di luce. Credo che il gioco stia innanzitutto nel minimizzare il rannuvolamento e poi tracciare una rotta delle stelle. Non voglio insistere con questa metafora, rischio di esaurirla, ma lascia che mi spieghi: per vivere la realtà, «ciò che accade realmente», dobbiamo continuamente rimuovere ostacoli e, osservando il mondo, arriviamo a capire quello che dobbiamo fare.

Dobbiamo davvero parlarne di persona. Portare avanti questi discorsi per lettera non va bene! Vieni qui se puoi. Sto cercando di organizzarmi per farti visita a metà giugno e restare finché mi vorrai.

L'ultima settimana qui è stata incredibile: c'è stata un'impressionante tempesta di neve che ha distrutto le linee dell'elettricità in tutta la provincia e ha lasciato Montréal e le zone vicine senza riscaldamento né luce per una settimana. Queste due ultime notti mi ha ospitato Carolyn: da lei il riscaldamento e la luce sono tornate prima di tutti. È stato incredibilmente decadente: vino e buon cibo, una folla di gente, giochi, divertimento... un esempio calzante di quel primo tipo di stabilità di cui ti ho scritto. Alla fine sono dovuto andar via, anche se il riscaldamento non era tornato, perché stavo diventando claustrofobico. Potevo vedere le nuvole di tenebra avvolgere le mie stelle...

Ora mi sto dedicando seriamente alla fisica. I corsi per questo semestre sono tutti buoni. Sono abbastanza soddisfatto. Seguo *Francese*, *Storia della Rivoluzione Scientifica*,

Equazioni Differenziali Ordinarie, *Fisica Termale*, *Elaborazione dei Segni*, e *Laboratorio di Calore e Onde*. Niente coro questo semestre, ma canto ancora nel musical; insieme a due amici faccio le prove del trio di Brahms con corno inglese; suono duetti per violino con J. e P., e anche con S.

Qui va tutto bene, a parte il fatto che ho le dita dei piedi congelate, e spero di avere presto tue notizie. Mi manchi, amico mio.

Jonah

9

Parigi, primavera 1998

Caro Jonah,

ho appena ricevuto la tua lettera, ma ne ho letta solo una pagina fino a ora. Preferisco risponderti mentre la leggo. Per quanto riguarda il «perché condannare i nostri umori incostanti? Dovremmo accettarli», non intendevo dire che «dovremmo farci dominare da essi». Non intendevo certamente fare un'apologia dell'ozio e del comfort (ero ben lontano dall'intendere «vivi seguendo il tuo istinto»...). Sai come la penso riguardo al fatto di evitare il dolore e a tutte quelle ridicole teorie che vanno di moda oggi. Forse la mia argomentazione (nel piccolo messaggio che ti ho mandato, buttato giù in due minuti alle due di notte dopo che avevo lavorato per cinque ore di fila...) era troppo personale, e quindi non valeva la pena essere scritta.

Quello che volevo dire era che questi umori incostanti hanno rappresentato nel mio caso l'ostacolo principale alla ricerca degli «ideali superiori». Fino a ora ho sempre pensato che bisognasse trovare «stabilità» *prima* di poter pensare di rivolgersi a «impegni più importanti». Intendevo dire quindi che, piuttosto che ricercare disperatamente una stabilità idealistica, dovrei invece tendere immediatamente a questi «impegni superiori» accettando gli «umori incostanti» e dunque occuparmi delle «questioni superiori» senza badare alla mia instabilità interiore.

... Come vedi quello che volevo dire in realtà era molto banale! Non sono diventato un profeta dell'edonismo!

Ora finisco di leggere la tua lettera...

Ho letto la seconda pagina (dove argomenti che la «stabilità» è soltanto un'altra forma di dolore: è la «stabilità grigia e inquieta», o il «diversivo» – che identificherei con quell'«agiatezza» che permette un vivere di comodità, niente dolore, nessuna emozione forte, «a sorseggiare limonata fatti di crack» –, il tipo di vita ideale di G.). Continuando a seguire le «idee» che ho buttato giù sopra, io parlavo di *Stabilità* con la S maiuscola, fatta magari di uno studiolo di una casa in una chiara mattina russa, molto presto, con le suite per violoncello di Bach che suonano in sottofondo: concentrazione, forza, lucidità (sto scherzando, ma questa è l'immagine che mi viene in mente...). Comunque: senza dover seguire questo ideale, fai quello che *devi* fare (per te la musica, per me – e anche per te – la scrittura) dimenticando le «emozioni mutevoli».

Parlavo di quel tipo di «stabilità» che si prova di prima mattina entrando in una chiesa, con l'organo che suona sopra le nostre teste – un tipo di esperienza rigeneratrice, una «catarsi» (a proposito, a volte ho sentito il bisogno *istintivo* di entrare in una chiesa, quella vicino a casa mia, che è descritta ne *I Miserabili*, e contemplare una statua particolare che si trova lì – non ricordo di che santo sia...). Mi chiedo se questo impulso sia religioso o puramente estetico. A volte mi sono anche sorpreso a dire certe preghiere tutte mie (ma ero sincero o no? Non credo: sembrava tutto vero perché in quei momenti avevo bisogno di essere confortato, ma quell'impulso non mi viene mai quando non sento quel bisogno... Temo che quelle preghiere personali fossero semplicemente il risultato di una momentanea fragilità psicologica...).

Pagina 3: ma le stelle si possono raggiungere? Forse sono solo nella nostra testa: Dio è uno scopo interiore, qualcosa che è in noi stessi, alle nostre radici, forse legato alla nostra memoria. E personale. Così, piuttosto che puntare verso un obiettivo esterno seguendo regole esterne, il cammino per trovare Dio è intimo ed è «un ritorno a noi stessi». Ma ciò è troppo vago: concretamente volevo intendere un'esperienza simile a quella che ho descritto in chiusura di una vecchia lettera (quando credevo che la mia relazione con N. fosse finita). La stessa idea si ritrova in Marcel Proust: il senso di tutta l'arte (dove arte qui significa trascendenza) sta nel «ricordo involontario delle cose trascorse», non nei ricordi che si rievocano volontariamente (come «cosa ho fatto ieri?»), bensì quando un dettaglio minuscolo restituisce il senso più profondo di momenti passati. Questo argomento richiederebbe una lunga discussione, quindi ignora il mio ultimo paragrafo fino a giugno, quando verrai qui (dal punto dove scrivo «pagina 3». Messo così suona assurdo).

È vero, preferirei parlarti di persona. Non credo che riuscirò a venire a Montréal a febbraio; comunque ci sentiremo prima. La mia relazione con N. mi fa sentire sempre solo – ma ne parliamo, dopotutto siamo due persone sole, e questo rende il nostro rapporto onesto. Tuttavia ho sempre la terribile sensazione che prima o poi dovrà finire. Perché?! È come se, per essere «onesto con me stesso» (?!!), io debba restare solo... Forse, quando, se, si concretizzerà dovrò affrontare un grande dolore (e allora diventerò più forte e quel dolore sarà invidiabile; ma sono abbastanza forte? Potrei anche uscirne a pezzi).

A presto, David

Ps: aaaaaahghh! (il ringhio)

Tornando a casa stanotte ho ripensato a quanto tempo è passato dall'ultima volta che abbiamo avuto una conversazione così illuminante – ricordi quell'incredibile estate a Montréal, dopo di corsa giù per la strada, una birra all'Old Dub's e poi le nostre strade si sono divise...

Cartolina da Roma, 21 aprile 1998

Jonah,

devi vedere questa città – anche vivendo a Parigi, io ne sono rimasto estasiato (le chiese poi! Sono così belle che manderebbero a messa tutti i giorni il tuo vecchio vicino di casa R. e la sua Ophelia!). Stavo da solo in un grande appartamento mal ridotto, a pochi passi dal Pantheon che vedi in cartolina (lo chiamo *une chose* in francese: è incredibile, ma devi vederlo per capire); ogni giorno camminavo per ore, facevo esercizi di scrittura (ho scoperto quanto è difficile descrivere davvero quello che vedi – e ancora prima di questo, sapere cosa vedi...), leggevo Proust (ormai lo leggo da due anni!), un po' di poesia (Apollinaire) e così via. Per un paio di giorni ho come avuto l'impressione reale di aver trovato un equilibrio nel mio spirito! Compra un biglietto! Vieni a trovare un lavoro in Italia! Vieni quaggiù (a Roma ho incontrato delle persone che conoscono Giussani)!

A presto, David (e un abbraccio a John, Lili, Emily...)

11

Parigi, autunno 1998

Caro Jonah,

questo è l'unico foglio di carta che avevo a portata di mano – è insopportabile scrivere in questi ridicoli quadretti, ma... Non ho avuto più tue notizie da un po' di tempo: innanzitutto, spero tu abbia chiarito con V., indipendentemente dagli esiti, e tu abbia messo una pietra sopra la tua ricerca di una «fusione armoniosa di due anime avvinte in un comune istinto spirituale...». D'altra parte, devo dire che con M., confrontando la mia relazione di oggi con lei con «l'esperienza N.» dello scorso anno, le cose sembrano d'un tratto più semplici e profonde – deve esserci allora qualcosa di quella «etica legante». Parlo a vanvera e basta... È nevicato ieri a Parigi: sembrava quasi di vedere Montréal. Ho lavorato in biblioteca e quando sono uscito, alle 7, si è aperto questo splendido paesaggio davanti a me: il Pantheon e il municipio, le luci di Natale che risplendevano nella foschia, offuscate dalla neve che, portata dal vento, creava mulinelli in aria. Era come essere a Mosca nel 1917, con questa sensazione di movimento e pensieri compressi, appena illuminati da una fievole luce invernale (teoria dei contrasti: il freddo, meraviglioso ma sgradevole, e il pensiero di tornare a casa e bere del tè di Nevenka nel calduccio di un salotto).

I miei genitori continuano a ripetermi quanto è stato bello averti a casa nostra quest'estate (Nevenka mi ha anche detto, sentendoti al telefono, che il tuo francese «è ottimo», il che significa che sei pronto per tornare quando vuoi).

Ho cominciato a leggere Pascal seriamente. I suoi pensieri sulla costruzione dell'*Io* sono affascinanti: ti ricordi del passo dove si interroga sul senso della frase «Ti amo» – e conclude sostenendo l'inesistenza di un *Io* sostanziale, composto semplicemente da diverse qualità, fisiche e mentali? Si evince che, secondo lui, non possono esserci certezze sul «senso religioso», che può essere soltanto l'illusione egoistica di un frammento di personalità. Secondo me la fede è la scommessa che un precedente senso religioso si basi su una sostanziale parte del nostro essere, e non sulla fantasia di una delle sue componenti.

Sistemando la scrivania, ho trovato la lettera che mi avevi dato insieme alla sciarpa nel dicembre del '96. Mi sono commosso di nuovo – sono così contento che una lunga amicizia come la nostra mantenga a tutt'oggi il fascino del primo incontro tra due anime riottose.

Non posso dire che i miei ridicoli esami invernali siano stati un successo, ma almeno non sono stati del tutto disastrosi. Tuttavia ho la brutta impressione che troppo lavoro abbia un effetto controproducente sul mio modo di ragionare durante gli scritti. Soprattutto in filosofia, mi sembra di continuare ad affannarmi inutilmente nell'oscurità su domande che *contano* davvero (il tema del test era: «l'Interiorità»). Beh, ancora 3 mesi e poi potrò ripartire nel mio lento recupero a ritmo regolare... Spero che tu sia su di morale a Montréal. Saluti a Emily, Lili, Shab, a John... a Valerie.

A presto, David

12

Parigi, 12 settembre 1998

Caro Jonah,

innanzitutto voglio farti sapere che sono contentissimo per te e Valerie – non so cos'altro aggiungere, ma credo davvero che fosse destino. Se ti penso mi immagino la tua nuova casa a Montréal e mi sembra tutto così irreale, è come un sogno.

Mi sono appena trasferito nella mia camera (non c'è la doccia, ma è così vicina a casa dei miei che ci posso andare tutti i giorni); credo che ti darò subito il mio nuovo indirizzo: 5, rue V., 75000 Paris. Vivere da solo, in effetti, mi piace, ho una splendida vista e un albero bellissimo dalle foglie di mille colori che arrivano quasi alla mia finestra – e neanche un rumore...

Mi devo fermare: da quando la scuola è ricominciata, due giorni fa, il mio cervello non ha smesso di girare (non tanto – ancora! – per la mole di lavoro, quanto per l'euforia della nuova scuola).

I miei compagni sono abbastanza simpatici, ma mi sento ancora emarginato (e forse è un bene), un po' perché si conoscono tutti, un po' perché molti di loro sembrano molto intelligenti (il che, in fin dei conti, non vuol poi dire molto). Comunque sono stanco adesso e l'agitazione mi ha dato un po' alla testa – a volte è vitale che io ritrovi il mio punto d'equilibrio.

In generale sono soddisfatto di come mi sto comportando – non posso aggiungere altro per ora, ma lo farò presto.

Volevo solo che sapessi che ti penso spesso e con molto affetto.

Scrivi.

A presto, David

(Ho mandato una lettera ad Ariel due giorni fa e i tuoi genitori ci hanno spedito un pacco delizioso che ci è piaciuto molto).

13

Parigi, 23 ottobre 1998

Caro Jonah,

no, non sgridarmi, so di essere in ritardo! Ti mando anche una lettera che ho scritto agli inizi di settembre ma che per qualche inspiegabile ragione metafisica non sono riuscito a spedire! Com'è la vita nel tuo monastero? Immagino tu sia molto occupato con la meccanica quantistica. Anch'io ho poco tempo libero, ma sono riuscito a tenermi in contatto con la parte del mio essere che reputo importante. I corsi sono nel complesso molto interessanti. L'insegnante di letteratura francese è un tipo – un uomo brillante di mezza età, molto sarcastico all'apparenza, ma nel cuore tenero e sensibile (è un esperto di Pascal, lo ritiene lo scrittore francese più difficile da comprendere) con l'odiosa abitudine di finire ogni frase con un suono duro e borbottato: «hmmm». Anche il professore di filosofia è abbastanza singolare – un ometto piccolo e grassoccio che sembra un ragioniere degli anni '30; parla piano, timidamente, e interrompe il suo discorso ogni venti minuti circa per emettere un vero e proprio ruggito. Prova un piacere sadico a pronunciare di tanto in tanto frasi che contraddicono totalmente il suo aspetto, come «fanculo le macchine» . Scusa se ho speso dieci righe per descrivere i miei due principali professori, ma mi aiuta a eliminarli dal mio sistema (non ho niente contro di loro, tuttavia...). Mi piace molto studiare (quest'anno studiare significa leggere ciò che si vuole e presentare tesine – nel mio caso, Nietzsche, Pascal (è grandioso) ecc... – neanche Kant è male! E poi ho scoperto Hume, che è molto più ambiguo di quanto si possa credere!), ma non ho nessun specifico interesse per alcuna materia. Sento che qualsiasi lavoro dovessi trovare un giorno (se mai lo troverò) per me andrà bene, purché io riesca a concludere qualcosa nella mia vita che abbia un nesso con la sequela di qualcosa che ora riesco solo a intuire.

Mentre dormivo a occhi aperti in classe, l'altro giorno, mi sono ricordato di una conversazione che tenemmo prima di addormentarci in giardino fuori Stang in Bretagna (la religione: un sentore del germoglio della moralità...). Quando abbiamo concluso la conversazione avevo l'impressione che ci fosse stato tra noi un malinteso. L'argomento è importante e dovremmo riprenderlo un giorno. Dato che ora hai trovato la persona che ami, discutere ti sembrerà poca cosa: ma ricorda la nostra conversazione a Versailles! E ricorda il pericolo di abbandonare la mente all'ozio!

Come vanno le cose a Montréal? Se mai ti capitasse di passare da Douglas Hall, attraversa il campo e dai un colpetto alla mia finestra in onore dei vecchi tempi.

Quest'estate è stata importante per me. Ti penso spesso.

A presto, David

Ps: se tu volessi scrivere una tesina in filosofia, prova con questa – l'ho presentata questa settimana: *Volere, potere, sapere*. Scrivila in francese, ovviamente, è un buon esercizio...

14

Parigi, primavera 1999

Jonah,

il tuo regalo (e che regalo!) mi ha commosso. Non me lo aspettavo. Aaaarrghhhh! Lascia che il mio ringhio esistenziale si faccia strada fino alle tue orecchie, amico!

Un segno di calda amicizia nella grigia Parigi è un dono. Folle tempo, folli anni, a volte ho a malapena un attimo per respirare! Le lezioni cominciano a starmi sui nervi, manca qualsiasi autentico contatto umano – quindi faccio pratica mantenendo sempre un atteggiamento amichevole e neutrale, ascolto quello che la gente ha da dirmi senza farmi troppe illusioni. È con il silenzio, che, con scarso successo, ricerco disperatamente (avevi ragione quando commentasti il mio comportamento quel giorno a Sarlat, quando l'equipaggio svizzero ci ha dato un passaggio in macchina, anche se per essere sincero non so se fossi io «decadente» oppure loro. Avevo l'impressione che ci fosse qualcosa di «malsano» in loro, forse troppa purezza, troppa aria fresca, e poca consapevolezza. Scrivo con addosso la giacca: il risultato è che mi sento come uno di quegli studenti del 19esimo secolo di cui parlammo quella notte in camera di L., quando lei era via. Ricordi? Ascoltavamo Brahms/Beethoven, leggevamo, chiacchieravamo, e poi abbiamo lavato tutta la biancheria sporca!).

Forse è anche M. a tirarmi fuori dal sacro silenzio. Però non credo neanche che il vero silenzio si possa raggiungere in solitudine. Ma com'è difficile preservare la propria integrità frequentando la gente – forse la si può preservare con l'amore, ma, come sappiamo ora, questo non si raggiunge mai, sempre costruito, decostruito, ricostruito...

«Passi riecheggiano nella memoria/Giù lungo la strada che non abbiamo preso/ Verso la porta che non abbiamo mai aperto/Nel roseto [...]».

Non senti tutti questi «se e ma», tutte le volte che hai raggiunto quella porta ma non l'hai varcata, torturarsi davanti all'uomo che sei adesso?

Vabbé, altro sentimentalismo romantico che mi riempie il cervello. Le mattine sono splendide, mi sveglio e respiro più volte davanti alla mia finestra mentre il sole sorge sulla grandiosa vista di Parigi. Posso solo vedere una fila di cortili, alberi, niente strade, mentre il suono degli uccelli si mescola con il brontolìo lontano del traffico che si sveglia.

Oh, a proposito di quest'estate (non ti piacerà quello che sto per dirti): sto pensando di lavorare a Parigi a giugno. Il problema è che, se voglio tenere aperta una porta in Nord America e ottenere il diploma da McGill per cui ho cominciato a mettermi sotto, l'unico modo è seguire i corsi estivi... che vuol dire saltare l'Oregon. Ora, il piano di seguire i corsi estivi di McGill a luglio e agosto può funzionare soltanto se arrivi a Montréal nello stesso momento. Nulla è deciso, comunque. Pensiamoci su (se ci vado, M. potrebbe venire a un certo punto in agosto – quindi la cosa migliore per noi sarebbe affittare un posto insieme a luglio – sono solo idee...).

Stai bene.

A presto, David

15

Montréal, primavera 1999

Caro David,

proverò a essere breve come te.

Sono contento che la giacca ti sia piaciuta. Ne ho trovata di recente un'altra, così possiamo fare assieme gli studenti del secolo scorso. Valerie mi ha regalato dei guanti di pelle a Natale, quindi ora sono perfettamente nella parte, con la mia bella camicia bianca, un volume spesso nella tasca (al momento Jacques Maritain) e i capelli che ormai sono indomabili (e ovviamente ricordo con affetto la sera in camera di L.).

La fisica sta distruggendo il mio silenzio e la mia apertura umana. Mi sono trasferito in questo monastero per essere più umano e, anche se le cose sono molto migliorate, la sola mole del mio lavoro (per lo più in laboratorio) rende il tentativo più difficile che mai. Questo è un pensiero molto intenso: vorrei che tu fossi qui per condividere con te il nostro silenzio. Con te non c'è bisogno di spiegazioni, possiamo partire dal cuore di un problema o di un lavoro senza parlare, oppure cucinare insieme, cantare... con la profonda certezza dell'affetto. Il tuo commento «ma come è difficile preservare la propria integrità frequentando la gente – forse la si può preservare con l'amore, ma, come sappiamo ora, questo non si raggiunge mai, sempre costruito, decostruito, ricostruito...» mi ha colpito, perché ho sentito che stavo alzando un muro tra me e Valerie, solo che ci alternavamo a buttar giù e a ricostruire alcune parti, o a costruire altre cose, mentre il progetto che avevamo per le mani era perso. La metafora è semplice, ma credo che solo con poche persone, forse due o tre, io riesca a costruire qualcosa. Anche nelle nostre divergenze, è l'affetto che ci lega a costringere l'orgoglio ad abbassare la testa, forse anche a spingere verso la de-costruzione, ma solo per una migliore ricostruzione (forse soprattutto quando siamo in disaccordo). C'è il tentativo di compiere uno sforzo *comune* per un *comune* obiettivo (da qui deriva l'incapacità di trovare il vero silenzio se non in compagnia).

Per quanto riguarda l'estate, continuiamo a parlarne. Mi piacerebbe molto essere a casa, per la natura, per rivedere la mia amica Amanda (che mi conosce bene quasi quanto te) e per vedere almeno un po' come crescono mio fratello e mia sorella. Mi piacerebbe anche restare a Montréal, per la città e per la possibilità di trovare un posto come liutaio (opportunità che probabilmente non avrei in Oregon). Ma di una cosa possiamo esser certi: staremo insieme.

Sono contento di sapere che la tua relazione con M. va bene. Qui invece don Giovanni è tornato in cerca di una preda, alla ricerca di una giovane fanciulla innocente... con cui spendere il resto della sua vita, cercando insieme di vivere al massimo *comme il faut*, di amare in modo più completo. E non di tirar giù continuamente l'uno il muro dell'altro.

Ragazzo mio quanto mi manchi!

Saluti, Jonah

16

Parigi, primavera 1999

Caro Jonah,

nessuno degli amici di Parigi ha ricevuto le cartoline che ho spedito dal Marocco, quindi immagino neanche tu (il che vuol dire semplicemente che i miei cugini che dovevano spedirle se ne sono dimenticati). Riesci a immaginare quanto sia doloroso guardare fisso il proprio vuoto interiore per cinque ore di seguito e infine lasciare l'aula senza consegnare il foglio su cui avresti dovuto scrivere qualcosa? Esagero solo un po'. In effetti, questo fatto oggi mi ha depresso, il che significa che sto lasciando che i miei pensieri egoistici secondari prendano il sopravvento sul mio cervello e mi rovinino la giornata. Quel terribile grigiore che nasce dall'insoddisfazione e offusca le capacità ispirate da apertura e amore... È arrivata la primavera, ancora non riesco ad assaporarla.

Quest'anno è volato e non ho avuto il tempo di afferrarlo. Provo quella terribile sensazione per cui a un punto della vita ti lasci andare e galleggi come fa la maggior parte delle persone. Quando questo succede smetti di costruire la tua identità dal di dentro e ne erigi una dall'esterno; e a quel punto anche la gioia e la tristezza ti piombano addosso dall'esterno.

Aaahhhh. Parlo come un ragazzino che crede di aver già capito tutto! Scusami, ho solo bisogno di sfogarmi (spero non me ne avrai se «ti uso» un po' per questo...).

Marocco: una settimana di stranezze e beatitudine. Dopo aver camminato attraverso le strade tortuose e aver visto milioni di facce nere scolpite, aver respirato l'odore di milioni di spezie diverse mescolate a quello di cacca di cavallo e carne andata a male, a malapena ricordavo Parigi o le mie preoccupazioni quotidiane: ricordavo a stento la mia ricerca di un senso – tutto questo era schiacciato da una dura e brutale realtà. Come se pensare fosse un lusso – ricordi il nostro viaggio e a come era dura a volte godersi ciò che ci avrebbe procurato emozione? Se soltanto ci avessimo riflettuto a riposo. D'altra parte, ciò che non si può apprezzare al momento diventa parte di te e magari ne percepisci gli effetti positivi solo più tardi (Avignone, per esempio).

Per quanto riguarda la mia ragazza, non so davvero cosa dovrei fare. Da fuori le cose vanno molto bene, ma sto inseguendo una certa immagine di lei, un particolare aspetto della sua personalità, che continua a sfuggirmi quando siamo entrambi a Parigi. Quella è la prima immagine che ho avuto di lei. L'ho incontrata in una biblioteca alla fine di ottobre del 1998. Stava studiando con un'amica conosciuta durante il mio primo anno di università a Parigi e abbiamo pranzato tutti insieme. Non è stato amore a prima vista, ma alla fine della giornata ero completamente sopraffatto dal suo fascino (e a quanto pare lei era rimasta sopraffatta dal mio...) – la terza amica, che conosciamo tutti e due (una splendida signorina, ma così ingenua che nessuno potrebbe prenderla seriamente), era già dimenticata e nemmeno lo sapeva. Qualche giorno più tardi l'ho riaccompagnata a casa alle tre del mattino sotto una pioggia scrosciante, il cuore mi batteva all'impazzata, e l'ho baciata sotto uno di quei ridicoli lampioni parigini! Quel bacio è stato la cosa più incredibile che io abbia mai ricevuto, ha liberato un'immensa capacità di amare che la mia relazione precedente aveva sepolto in profondità – credo che quel bacio ci abbia trasformato entrambi. Era soprannaturale.

Quello è stato uno dei momenti più intensi della nostra relazione. In momenti di questo tipo provo una fortissima passione – non oserei dire amore solo perché sono momenti che vengono sempre interrotti. L'unica cosa che resta quando questi incontri intensi si spengono è una duratura tenerezza, stranamente simile a quella che un padre proverebbe per la figlia – anche se di solito lei sembra più matura di me –, a volte lussuria e anche un sottile spirito di competizione. Eccomi qui dunque, e non so quale sia il modo onesto di comportarmi. Spesso ho desiderato altre donne. Forse mi ha dichiarato il suo amore troppo presto e mi sento troppo sicuro con lei (e i sentimenti di passione tendono a venire quando non si è completamente sicuri).

Non voglio dire che per innamorarti devi diffidare dell'altra persona. Dico che è essenziale che anche l'altra persona abbia il tuo stesso desiderio di costruire qualcosa insieme e costruire qualcosa non è mai del tutto tranquillizzante.

Beh, *à suivre*, immagino. Eccoti una cassetta che forse hai già – ma ascolta l'ultimo pezzo!

Ho fatto un sogno un paio di notti fa: eravamo tutti e due vecchi e volavamo su letti di ospedale. Ma fuori era primavera ed eravamo piuttosto allegri. Non parlavamo molto ma ci capivamo soltanto guardandoci. Era come se avessimo l'impressione tutti e due di aver concluso qualcosa – non so però bene cosa. Forse solo per il fatto di esserci elevati al di sopra della nostra invalidità ed esserci lasciati alle spalle molti anni ricchi e prosperosi, facendo nostra l'essenza di tutto quel tempo passato e sentendo l'energia scorrere attraverso le nostre consumate ossa. Ci sentivamo profondamente uniti in una forte amicizia: e ho pensato nel sogno che, quando sei vecchio, la gente che non conosci non può avere un grande interesse verso di te e i tuoi figli ti vedono più come un povero vecchio rimbambito piuttosto che come un padre, e questo rendeva l'ultimo amico rimasto ancora più prezioso.

Un sogno davvero particolare (a occhi aperti), e quando mi sono svegliato ero strano. È da troppo tempo che non ci vediamo!

A presto, David

17

Croazia, estate 1999

Caro Jonah,

ti scrivo di nuovo in ritardo... Continuo a tenere delle conversazioni immaginarie con te, ho delle illuminazioni su episodi o cose che vorrei condividere con te sul momento e che non riesco a spiegare quando provo a scrivertele.

Dovrei arrivare in Oregon il 3 agosto. Se mai dovessi trovare un lavoro e cominciare l'1, cambierò il mio biglietto per partire prima o dopo.

Temo e al tempo stesso aspetto con ansia il nostro incontro annuale (un avverbio così lungo, accidenti!). Non ci vediamo abbastanza spesso, così non possiamo evolvere insieme – ecco, il romantico che c'è in me che si prostra al suolo, la testa alzata verso le stelle, la mano lanciata in avanti, che grida «che non cresciamo separati!». A quanto pare sei convinto della strada che hai scelto – ho sempre paura che i punti di vista mobili, «filosofici», che cerco di ottenere dalle nostre conversazioni vengano ostacolati da un punto di vista unilaterale che tu possa aver assunto. Certo, i miei sforzi di avere una molteplicità di punti di vista potrebbero un giorno o l'altro trasformarmi in un «maniaco svolazzante» che gira come un pazzo inutilmente intorno alla torre di stabilità che stai costruendo. Esagero come al solito: nessuno di noi due possiede la stabilità assoluta o l'inutile versatilità che ho descritto sopra.

Poi, dovunque ci conducano le discussioni, rimane il sentimento di amore che ho nei tuoi confronti. Potremmo domandarci in quale misura ha a che fare la questione della nostra amicizia e del nostro amore con le strade comuni che scegliamo: una domanda per il futuro (noi ovviamente dobbiamo continuare a spiegare i nostri obiettivi e le nostre risorse). Sono riuscito a leggere tre libri che dovresti comprare (non inizio Karamazov fino a che non li avrai presi): *Le Partage de Midi* di Paul Claudel, *Le noeud de vipèrs* di Francois Mauriac. Il primo è un testo teatrale, il secondo un romanzo in forma epistolare scritto da un personaggio che sta lentamente morendo di vecchiaia. Entrambi sono riconosciuti tra i migliori scrittori francesi e sono stati celebri cattolici. Una buona traduzione è essenziale per il primo libro. Il secondo è più prosaico, una lettura veloce ed eccellente. Il terzo libro, che ho finito di leggere stanotte, è stata quasi una rivelazione: ancora non ne ho afferrato il senso. Non sono sicuro di volertelo raccontare: farlo ridurrebbe immediatamente il suo valore, che, ora come ora, mi sembra vitale (ma lo ho appena finito, quindi sarà il tempo a determinare la sua forza). Diciamo che, senza essere un ritratto della «fine» verso cui tendiamo, tuttavia in più punti mi è sembrata la raffigurazione caricaturale dei mezzi che forse potremmo scegliere. Lo so, ti sembrerò incoerente. Sono sdraiato in un letto balcanico in Croazia. È mezzanotte passata e ho letto per quattro ore. Volevo dire solo che, come caricatura, un personaggio potrebbe ricordarmi te, mentre l'altro assomiglia un po' a me. Entrambi i personaggi sono fratelli di spirito, uno si chiama David (quello che assomiglia a te), l'altro Lucien. L'autore è Balzac e il libro si chiama *Illusioni perdute* (è solo una parte della *Comédie Humaine*).

Come tale, se mai lo leggerai, vedilo soltanto come una parte di un tutto (altrimenti, ti conosco, lo criticheresti esattamente come hai criticato Schubert e Beethoven, uno per la disperazione, l'altro per l'ambizione da superuomo, rifiutandoli entrambi come soluzioni).

Basta! Sto per tornare a Parigi dopo un viaggio di due settimane con mia madre in Croazia e in Bosnia a ritrovare la famiglia dopo 8 o 10 anni. «Al punto fermo del mondo che gira»: ecco come mi sento, quasi inconsapevolmente.

A presto. il tuo amico, David

Nb: scusa la mia terribile calligrafia, è dovuta alla posizione scomodissima a 45 gradi a cui questo maledettissimo letto mi costringe.

Oregon, 23 giugno 1999

Caro David,

tutte le sere tornando a casa in macchina vorrei che tu fossi qui per mostrarti il tramonto meraviglioso, le colline brumose che fiancheggiano una montagna innevata in lontananza, la luce dorata del sole sui pini imponenti oltre la mia casa e le stelle che brillano. La mattina vorrei che fossi qui per vedere il roseto, grande come la tua camera da letto, colmo di centinaia di boccioli bianchi, o l'alba, così silenziosamente maestosa mentre sorge sulla vallata coperta dalle nebbie. Nel pomeriggio, pranzando all'ombra di un glicine, sul poggiolo, tra i fiori e un'alta siepe verde, vorrei poter condividere con te il tempo qui, la nostra primavera e la nostra estate incipiente. A volte penso di scattare delle foto, così almeno potresti vederle: la veccia viola che si aggroviglia ovunque nei campi, picchiettati di smaglianti papaveri rossi; le strade che sono inghiottite in una boscaglia così fitta che gli alberi si incontrano a metà a creare un tunnel fatto di fogliame... il sole del tardo pomeriggio sui campi ondeggianti d'erba, increspati dalla brezza... Ma la mia pigrizia riesce sempre ad avere il sopravvento e non faccio mai le foto. Non puoi venire troppo presto (almeno fammi sapere il numero del volo e l'orario, così da evitare di ripetere quel che accadde al mio arrivo a Parigi l'estate scorsa!).

Ho smesso di costruire case e ora la sera lavoro come cameriere in un ristorante molto elegante. È un buon lavoro e mi lascia il giorno intero per leggere, suonare, lavorare al mio violino (che sarà pronto a settembre!) e, cosa più importante, trascorrere del tempo con la mia famiglia. Prima ero troppo stanco la sera per essere più presente in casa, quindi la nuova situazione è decisamente migliore. Ho anche cominciato a dedicare un'ora al giorno al silenzio, alla lettura, alla riflessione, alla preghiera. Questo per ricordare chi sono e qual è il mio più grande desiderio: il pensiero del mio destino. Avrò molto da dire su questo argomento.

La tua ultima lettera (da Zagabria) a una prima lettura mi ha turbato, ma rileggendola ho capito che non volevi dire davvero quel che credevo. Mi è rimasta comunque l'idea del tuo «punto di vista mobile, filosofico». Per come la vedo io, una molteplicità di punti di vista è utile soltanto per passare al vaglio e respingere la falsità e ancorarsi alla verità. All'inizio ho creduto che non riconoscessi l'unicità della verità. Adesso, anche se non ne sono del tutto certo, spero di cuore che tu riesca a vederla. Il mancato riconoscimento dell'unicità della verità, al di là della posizione che possiamo prendere, mi sembra la minaccia più pericolosa alla nostra crescita reciproca. Come mi hai ricordato a Versailles, «se prendo una posizione e chiudo la mia mente all'idea che la Verità, nella sua profonda unità, trascenderà sempre l'approssimazione che ne faccio, ti ferisco nell'anima». Lo stesso vale se guardiamo il problema dal verso opposto: se uno di noi si convince che la verità è variabile, o inconoscibile o multipla, questo distruggerebbe la motivazione che sta alla base della nostra ricerca.

Rincorro la stabilità perché è una necessità che sento nella mia vita, un'esigenza che ha a che fare con la brevità della vita, con le opportunità perse e con un grande desiderio di usare la mia vita per fare del bene. Sento, forse in apparenza può sembrare irrazionale, che la mia vita è importante. Quando fisso le stelle o mi cimento con le equazioni che descrivono i minimi dettagli dell'atomo o il movimento dei pianeti, provo un sentimento di soggezione che mi fa piccolo, ma non intacca il senso del mio valore. Da qualche parte, nel profondo, non sono d'accordo con gli esistenzialisti: può sembrare assurdo, ma non lo è. Potrei sembrare una particella insignificante di un ingranaggio universale che, incurante, prosegue nel suo frullare, ma non è così. Ed è il credere nel mio valore che mi porta a essere certo di avere un cammino da percorrere o, piuttosto, da scoprire. Credo che il mio destino potrebbe essere quello di diventare fisico o di diventare padre, o forse sono destinato a diventare qualcosa di diverso. La mia ricerca di stabilità non è la ricerca di un'esistenza senza conflitti (com'era, ed era sbagliato che fosse, alla fine della scorsa estate), ma piuttosto la ricerca di un vivere nel quale il conflitto e la calma, la gioia e la sofferenza abbiano una comunione più profonda e siano il contesto nel quale il mio valore possa trovare piena espressione. Questa è quella che i cristiani chiamano *vocazione*. Ognuno di noi è chiamato da Dio a vivere un certo tipo di vita, ed è nostro compito riconoscere questa chiamata attraverso l'onestà verso noi stessi, una riflessione sui nostri veri desideri e una sincera dedizione verso il bene limitato che possiamo fare. In ogni caso, questa è la «stabilità» a cui tendo io, che potrebbe essere meglio definita come «convergenza di aspirazione e azione».

C'è anche la questione del nostro affetto. Questo volerci bene è sicuramente legato al nostro interrogarci, ma credo sia andato ben oltre e abbia superato di gran lunga le nostre conversazioni. Ti amo come un fratello. Posso trovarmi in accordo o disaccordo con te, ma ti voglio bene sempre e comunque.

Io e l'Oregon, in tutta la sua bellezza, aspettiamo la tua visita.

Saluti, Jonah

19

Parigi, ottobre 1999

Caro Jonah,

aaah, tu! In francese diciamo «on n'en trouve pas deux comme toi!!». Scusa l'uscita emotiva, ma è stata la reazione immediata alla lettura della tua lettera e del tuo diario! Davvero non so che dire, o meglio, non so come rendere sensati i pensieri contrastanti che mi ronzano in testa. Ci proverò scrivendo. Il problema è che darti un punto di vista approssimativo sulla tua vita a scapito della mia mi sembrerebbe artificioso – non prendendo cioè in considerazione la mia complicata esperienza personale (piuttosto eccentrica, e te lo dico con quello stesso sguardo assatanato negli occhi che ti faceva ridere quella sera – non ricordo più quale – sdraiati sul pavimento da tua nonna) e senza poter applicare quello che potrei dire di te anche a me. A volte vorrei davvero fare questo sogno: tu, cresciuto fino a raggiungere le proporzioni di un essere titanico (e con quel guizzo da profeta del Vecchio Testamento che a volte ti ho notato negli occhi, come a casa di Roland), ti dibatti metafisicamente tra due entità, la Donna e il Sacerdozio. Improvvisamente, ecco che salta su una piccola creatura buffa che ti sale sulle gambe, ti preme l'ombelico, ed eccoti, sgonfiato come prima, a correre attraverso la vita con un sorriso, con una ventata d'aria fresca. Fortunatamente, o no, non faccio questo sogno, in parte perché anch'io, come ben sai, in un contesto diverso tendo a essere così titanico, in parte perché ridurre te o noi a simili caricature sarebbe sì conveniente, ma artificiale. Che accade ora? Quando ti penso in astratto (insisto sull'ultima parola, perché quando sei qui in carne e ossa sei semplicemente l'amico, il fratello che amo, e qualsiasi giudizio diventa irrilevante), mi capita di essere diviso tra due giudizi, entrambi discutibili.

Da una parte, penso che tu amplifichi tutte le cose. Invece di vedere dilemmi e cercare di organizzare la tua vita per affrontarli senza finirci dentro anima e cuore, dovresti viverli, a cominciare dal dilemma più vicino, ovvero uscire con A., provarci davvero, e non solo con la mente; oppure, in una semplice relazione di amicizia, superare la possessività, come la chiami tu, cercando di vivere l'amore, piuttosto che partire dalle tue emozioni presenti saltando poi alla conclusione di non essere in grado di farlo.

Forse l'importanza di vivere la relazione saprebbe darti un'idea più precisa di «chi tu sia», in un certo senso, sia che questa relazione si concluda in un matrimonio o invece in una separazione. Sartre non ha tutti i torti quando dice che «noi non siamo altro che la somma delle nostre azioni», anche se io direi piuttosto «siamo in parte, anche, la somma delle nostre azioni». Mi sembra che, non provando a vivere davvero con una donna, non soltanto tu ti stia condannando a un crescente egoismo, ma che tu stia rinunciando a una strada che potrebbe condurti a una migliore conoscenza di te stesso.

Leggiti il primo sonetto di Shakespeare: lì sei tu «la più bella creatura». Quella strada è empirica per procedura, ma non contraddice la religione; ritorna a ciò che riteniamo essere la *vocazione*. La meditazione ti porta a pensarlo: *Dio* potrebbe dirtelo – anche se accetti il fatto che scegliere una direzione potrebbe infine condurti a sceglierne un'altra, cioè, che la vita può cambiare il corso di quello che è derivato dalla meditazione. Nella tua attuale situazione una voce in te sussurra insistente nel caos «Roma, Roma...». Non so se la definirei una vocazione. La psicologia (la scienza di quelli che tu chiami gli «strizzacervelli»! Ometti dispettosi che saltellano di qua e di là con tatuaggi di Freud!) potrebbe dirti, e sarei d'accordo, che in un certo senso è più semplice farsi prete piuttosto che cercare di soddisfare una donna. Certo è, come mi hai detto, che la strada più difficile non è necessariamente quella giusta (altrimenti potresti prenderti la «kierkegaardite»), ed è vero che andare a Roma non è esattamente quella che chiamerei la strada «più semplice» – ma... Ma cosa? (sono stato appena interrotto da una telefonata).

Ho paura che, se non ti lasci andare veramente a una *storia d'amore* con una donna che potresti voler come moglie, non riuscirai mai a superare quella sottile ma persistente impressione negativa che hai verso le donne, che davvero (usando il termine più nobile) ti attraggono. Ciò significa che non puoi dire «prima vado a Roma, ma se lì dovessi incontrare una donna che vorrei sposare, allora posso lasciare il seminario – perché resterei comunque uno studente» (so che quest'idea ti è balenata in testa!), perché, non avendo una relazione adesso, non potrai *sapere davvero* come ti comporti in materia di donne e relazioni, e quella vocina negativa, silenziosa e persistente, si metterà sempre tra te e la donna da cui sei attratto. Sono sempre dell'idea che per conoscere devi provare.

Non so cosa pensi di queste due ultime pagine. Sono sicuro (quasi ti vedo mentre me lo dici) che starai pensando che ho frainteso il problema. Per certi versi sì. Ma so anche che ciò che ci può sembrare dapprima un problema complicato si riduce spesso a una questione più semplice che sottintende il problema iniziale. Infine, prendi quello che ti ho qui scritto come un'uscita precipitosa del tuo amico pagano che sta solo cercando di salvare, dal suo insignificante punto di vista pagano, quello che fa discorsi ben al di sopra della testa del primo (cioè la mia...).

Sempre pensandoti in astratto mi viene in mente la purezza, simile a quella che mi hai comunicato quella sera al bar di Salem parlando francese. Forse questi momenti si hanno quando si prova una pace interiore. La domanda è: hanno un valore per noi e dentro di noi, o vengono distrutti, cancellati dagli umori mutevoli, quando sei eccitato (noti che quando sei *puro* sei più virile e quando sei *in calore* sei più adolescenziale)? Questi momenti di purezza possono durare con l'età?

Devo andare e non ho mantenuto la promessa di descrivere a parole mie il me stesso in questo momento, a Parigi. Mi limiterò a puntualizzare un paio di cose che spiegherò meglio nella prossima lettera. Nessun contatto con M. (ma non c'è rancore: mi sono meritato quello che è stato, anzi lo cercavo, e la ringrazio e la perdono allo stesso tempo). Sto tentando, lottando con me stesso per riuscire ad avere un rapporto diretto e onesto con le persone. Purtroppo comincio troppo presto a flirtare e la relazione mi deforma – ossia, perdo il senso dell'autocontrollo (non letteralmente! Piombo nel grigiore). Nel complesso, sta migliorando la stabilità della mia vita a-morale (almeno fino a quando non riuscirò a ricavare la moralità dal senso religioso, alla prossima...); ho avuto delle conversazioni molto interessanti sullo spirito del giudaismo e del cristianesimo in relazione alla società, alla cultura... Ho trascorso di nuovo la notte con *Flora* (se mai tu dovessi farti prete e io diventare cattolico, saresti il mio confessore e, mio Dio, quante preghiere mi daresti da fare per penitenza!).

Perché mai hai parlato così a lungo dei tuoi sentimenti per me nella primavera del 1997? Sai che non avevo notato che stavi per dare il benservito alla nostra amicizia. Mi auguro che tu non stia ricordando quei tempi perché provi di nuovo quei sentimenti! Frequento vecchi amici che mi mettono in umore nero. Ma ho pensato che fosse importante che io li vedessi, perché volevo vincerli piuttosto che evitarli, ma soprattutto perché alcuni, come E., avevano bisogno di me.

– Spero che amplierai il raggio delle mie argomentazioni in questa lettera, magari rivolgendomele contro. La parte che per me è più importante è in parentesi in cima a pagina 2: qualsiasi cosa tu diventerai, qualsiasi cosa diventerò io, resterai per me il Jonah che amo e per il quale combatterei qualsiasi battaglia.

– Sì, ho sentito parlare di Paul Ricoeur e volevo leggerlo da molto tempo («l'effetto Dostoevskij»). Soprattutto un libro chiamato *Pensare la Bibbia*. Ha anche scritto qualcosa sulle meditazioni talmudiche. Se leggi Nietzsche, cerca di farlo nella traduzione di Kaufmann: è il più grande esperto americano di Nietzsche e visto che è nato in Germania, le sue traduzioni sono più precise di altre. Leggi *Al di là del Bene e del Male* o *Tramonto* (dove c'è un bellissimo passo su San Paolo) o i frammenti postumi (ma non *La Volontà di Potenza*, che è l'interpretazione fatta dalla sorella).

Stammi bene.

A presto, David

Ps: ascolta questa frase splendida di Beckett in *Molloy*: «Mi alzo, esco, e tutto è cambiato. Il sangue fluisce dalla mia testa, il rumore di cose che si spezzano, si incorporano, evitando l'un l'altra, mi assale da ogni parte, i miei occhi cercano invano due cose che si assomiglino, ogni punto della pelle urla un messaggio differente, annego nello spruzzo dei fenomeni». Non conosco abbastanza bene Beckett, ma sembra fosse uno dei più acuti lettori di Dante – e i suoi scritti rileggono Dante nella prosa del 20esimo secolo... (*dixit*, il mio insegnante di filosofia e letteratura...).

20

Parigi, aprile 2000

Caro Jonah,

sono assolutamente sconvolto dalla profonda esperienza di vita vera che ho vissuto in queste due ultime settimane. Non so cosa pensare. Sono in un costante stato di shock e sconvolgimento estetico che mi trattiene sulla soglia della spiritualità in eterno. Se solo avessi potuto registrare la mia mente e spedirtela. È come se ogni piccolo episodio si trasformasse in un evento spirituale. Non mi sono mai sentito così umanamente partecipe in classe come ora. Cerco di trovare un contatto con gli occhi con tutti quelli che vengono a parlarmi. Il legame musicale che ho instaurato due mesi fa con H., il pianista della mia classe, è sfociato l'altra sera in un'incredibile discussione (sono rimasto da lui fino alle cinque del mattino). Mi è parso di capire che il semplice suono delle parole lo abbia portato a una conversione religiosa; tornando a casa, solo per le strade, mi sono fermato per un po' davanti a Notre-Dame, così gigantesca nel buio, incombente sopra di me... Ho raccontato ai miei genitori di quei momenti della mia vita che sembrano presupporre un livello di esistenza diverso da quello storico e psicologico – un livello in cui si crea un rapporto con l'Assolutamente Altro (come direbbe Lévinas), che può avvenire attraverso l'uomo, l'arte, o la pura gioia della percezione. Stranamente, non so se mia madre mi abbia capito davvero. Ma ho visto dei guizzi di luce improvvisi negli occhi di mio padre (ed è stato bellissimo perché non me lo aspettavo). Mi sento come se fossi stato «prescelto» per trasmettere quest'apertura di orizzonti (ho il coraggio di dirlo solo a te, sono sicuro che mi capisci). Credo di poterti spiegare cosa volevo dire in una delle nostre ultime discussioni che abbiamo avuto a Montréal. Quando ti ho detto che l'esperienza dello spirituale non è il semplice segno di un significato diverso e separato dalla vera e propria esperienza, ma che la stessa totalità si può ritrovare nell'esperienza particolare, non avevo del tutto ragione. È difficile comprenderlo, ma sembra esserci al tempo stesso una totalità, una pienezza dell'esperienza - e un segno di Senso finché è assente. Immagino che questo per il momento confermi il mio punto di vista ebraico. Da qui si dovrebbero quindi trarre le conclusioni riguardo il rifiutare Gesù non come uomo con un messaggio da consegnare, ma come Messia. Ciò che deriva è la riconciliazione dell'assente, in cui l'autocompimento figura come un'alternativa puramente umana e dello spirituale. L'esperienza religiosa non va letta alla luce di un Senso precedentemente raggiunto, ma prima di tutto nella sua pienezza empirica, e poi come il segno di qualcos'altro che deve accadere (un *qualcos'altro* che sfugge alla usuale rappresentazione delle cose restituita invariata dalla lingua). Questo pensiero mi rende felice perché giustifica il mio fascino per il *qui e ora* (l'*hic et nunc* dei latini) e il balzo che voglio spiccare da qui, incontaminato da un Senso che è già fatto concreto; un balzo puro che è *interpretazione* in tutti i suoi sensi: intellettuale, fisico e musicale.

Oggi ho fatto una lunga passeggiata. Una giornata fredda ma con il sole, un barlume di primavera catturato nel ghiaccio. Ho provato la gioia pura del movimento, delle facce della gente: non riuscirò mai a farmici l'abitudine. Mentre camminavo avevo un bisogno urgente di pisciare, così ho cercato un McDonald, ovviamente. Non mi ci è voluto molto per trovarne uno. Ero in una specie di quartiere a luci rosse (Parigi centro, a Strasbourg-Saint-Denis) e potevo vedere da fuori la gente mangiare al McDonald: arabi con i baffi dall'aspetto trasandato, prostitute, giovani punk, anziani, uomini e donne, soli, che sedevano negli angoli del locale. Sono entrato e lì... prova a immaginare... gli altoparlanti suonavano la *Chaconne* di Bach! Certo c'era rumore, la gente parlava e tutto il resto, ma la musica era lì, non contaminata dalla distrazione generale. Sono rimasto lì in piedi senza parole, non potevo crederci!

Dunque, come puoi immaginare, ti ho pensato spesso – come sempre, direi. Ti ho rammentato nella mia conversazione con E., la notte scorsa. Mi è sembrato molto commosso dalla tua persona, quando gli ho raccontato di te e della tua famiglia... Mi piacerebbe fartelo incontrare e farti conoscere anche L.

Stammi bene.

A presto,
David

Ps: sto leggendo uno splendido saggio di Claudel sulla pittura olandese in un volume intitolato *L'Oeil écoute*. Ascolta la canzone di Brel *Le dernier repas*: è incredibile quanto sia grande, è grande nella sua assurdità, e in complesso toccante. Son certo che tu e Christophe apprezzerete il modo che ha di evidenziare la parola *Périgord*. Ascolta il quartetto di Messaien *Per la fine del mondo* (l'ultimo movimento, *Louange a l'immortalité de Jésus*, è pura estasi).

21

In viaggio tra Oregon e Montréal, 27 aprile 2000

Caro David,

quanto tempo è passato senza sentirci! Ti ho pensato ogni giorno per settimane, sempre in attesa del momento giusto per scriverti, ma senza trovarlo. Per alcune settimane gli esami hanno occupato la mia mente a tal punto da non riuscire a scriverti niente di vero, e una volta tornato in Oregon sono stato troppo impegnato a stare con la famiglia per cinque preziosi giorni (senza Isolde, che è ancora in giro per l'Europa). La sera della rappresentazione della *Missa Solemnis* nella basilica del centro antico di Montréal sarebbe stata un'occasione perfetta per scriverti, ma poi è successo che, avendo conosciuto uno dei contralti, sono rimasto, ovviamente, a chiacchierare con lei in un bar fino a tardi.

Così, basta con le scuse (al momento sto lottando per desistere dal cominciare una conversazione senza senso con l'altro passeggero seduto nella mia fila su questo aereo...)!

Mentre ero a casa ho riguardato tra le mie vecchie lettere e nelle scatole, tra le mie cose: adesso rimangono solo una scatola di lettere e una di attrezzi per il violino, oltre a un bel po' di libri ancora imballati dopo la spedizione. A parte questo, tra cinque giorni le mie cose viaggeranno insieme a me fino a Roma. Riguardando tutte quelle vecchie lettere ho riletto la nostra corrispondenza dall'inizio alla fine, forse una quindicina di lettere in tutto, ma così intense!

Non sai quante volte avrei voluto darti un bel bacio di persona rileggendo la storia della nostra amicizia, gli amori che abbiamo avuto, i temi ricorrenti sulla moralità, la luce e l'aria, l'amore, e la stabilità, che si intrecciavano con gli eventi delle nostre due città. Ho colto da parte tua, dietro i discorsi e i fatti, un affetto così bello e tenero: grazie!

Sono rimasto particolarmente colpito dal modo in cui i nostri motivi di disaccordo sembrino guardare nella stessa direzione e come nel tempo abbiamo fatto nostre le idee dell'altro (e a molte delle tue avevo inizialmente opposto feroce resistenza!). Un po' come la mia iniziale reticenza ad apprezzare Shostakovich: dapprima credevo che non avrebbe potuto piacermi per motivi morali, ma tu mi hai mostrato come il valore vada ben oltre i miei preconcetti e ora sono più libero. Adesso so apprezzare Camus e, invece di giudicarlo ciecamente sulla base di considerazioni forse più superficiali, riesco a cogliere la grande umanità e bellezza nel suo modo di scrivere.

Rileggendo la tua ultima lettera resto sopraffatto dalla tua chiarezza e dal modo così preciso con cui mi hai descritto quello che anch'io sento (anche se pensavi che la tua frase fosse in qualche modo opposta alle mie idee). Eccola:

«l'esperienza religiosa non va letta alla luce di un senso precedentemente raggiunto, ma prima di tutto nella sua pienezza empirica, e poi come il segno di qualcos'altro che deve accadere (un *qualcos'altro* che sfugge alla usuale rappresentazione delle cose restituita invariata dalla lingua). Questo pensiero mi rende felice perché giustifica il mio fascino per il *qui e ora* (l'*hic et nunc* dei latini) e il balzo che voglio spiccare da qui, incontaminato da un Senso che è già fatto concreto; un balzo puro che è *interpretazione* in tutti i suoi sensi: intellettuale, fisico e musicale».

Prima che tu cominci a sbuffare, a dire «hmmm» o «bene» come fai sempre, lascia che mi spieghi (casualmente quel che mi hai scritto mi ricorda una pubblicità di un'importante casa editrice italiana di libri cattolici: «già e non ancora», in riferimento al Regno di Dio che è già qui ma non è ancora percepibile nella sua interezza). Questa esperienza del presente come tale, completato dall'esistenza di un qualcos'altro che deve arrivare, è fonte di immensa gioia anche per me. Vivo più pienamente, apprezzando più spesso e più profondamente di prima il mondo e la gente, affascinato quanto te dall'*hic et nunc*. Di certo ciò che mi fa vivere più intensamente, più profondamente, con più valore e attenzione è un bene! Certo che è giusto che un'esperienza religiosa ci porti ad apprezzare meglio il presente; dovrebbe anche condurci verso l'aspettativa fiduciosa di qualcos'altro, fin tanto che le nostre esperienze siano incomplete e mantengano intatta la nostra nostalgia originaria. Su questo siamo d'accordo. La parte sul Cristo non è esatta, però, anche se ne capisco poco. Egli non può ridursi a «un senso che è già fatto concreto», ma non ne so abbastanza per dirti chiaramente cosa sia. Quel che capisco è che Dio (il Padre) è visto come l'origine di tutte le cose e il Cristo come la via per raggiungere quell'origine (non so con esattezza se dovrebbe essere la via o una via, ma ognuno parte dalla propria cultura di base).

Senza andare troppo oltre con le congetture, penso di poter dire che l'esperienza religiosa (della bellezza, per esempio) non può essere separata dalla questione delle origini. Da dove proviene? O forse, più esattamente, *Chi* mi ha dato questa bellezza? In questo modo l'esperienza (*hic et nunc*) ha valore come tale e conduce allo stesso tempo a un «oltre», sollevando la questione di un'origine/creatore. Si potrebbe dire che «Cristo è l'origine, la sostanza, il significato» e risponderemmo con una risposta preconfezionata; *d'altronde* questa è la risposta a una domanda che non ci è del tutto chiara. È qui che vedo la soluzione alle nostre diverse inclinazioni: attraverso l'esperienza presente approfondiamo l'interrogarsi sulle origini e la fine di ogni cosa, e diventiamo consapevoli di questa questione in modi sorprendenti che sfidano i nostri preconcetti su quelle esperienze che potremmo definire *religiose*. Grazie allo sviluppo della nostra sensibilità e concentrazione, ritroviamo la domanda ovunque intorno a noi: *Chi* mi ha dato questo? Dare per scontato (credere?) che Cristo sia alla sua origine non risolve il problema. Al contrario, mi porta a guardare ogni situazione, ogni persona (quando me ne rendo conto) con curiosità e stupore, e a chiedermi: «Cosa c'è qui di vero e bello? Cosa c'è di positivo qui? Dov'è il volto di Cristo in questo?» o, nell'istruttiva riformulazione di Giussani, «Dove sei Tu-che-mi-fai?». Parlare di Dio significa parlare del *Tu* indefinibile, indescrivibile dietro la realtà.

Montréal, 1 maggio 2000

Sto finendo di fare la valigia e ti vedrò tra due giorni! Penso che lascerò questa lettera così com'è. A presto amico mio!

Saluti, Jonah

Roma, 4 maggio 2000

Caro David,

solo un appunto per darti il mio indirizzo e scriverti le mie prime impressioni su questo posto. Ancora non sono stato a Roma, visto che il seminario è a Casalotti, nella periferia nord-ovest. Stasera però darò la mia prima occhiata alla città. Andiamo a messa a S. Maria Maggiore, vicino alla stazione.

Sono felice di essere qui, contento di imparare l'italiano e curioso di ciò che mi riserva il futuro. Non ho idea di quello che succederà. Tra una settimana circa uno dei preti che ho già incontrato tornerà a Roma e parleremo più seriamente della vocazione. Per il momento sto semplicemente osservando. È tutto nuovo eppure così familiare. Ho vissuto coi Francescani e sono rimasto spesso a casa dei preti a Montréal, ma ora sono qui non come inquilino o ospite, ma come potenziale residente.

Ecco il nuovo indirizzo:

Jonah Lynch
Via Boccea, 761
00166 Roma, Italia

Puoi provare a chiamare il 0661.xxxxxx (metti il prefisso dell'Italia prima del numero), ma mi dicono che è difficile raggiungere qualcuno. Prova comunque! C'è anche l'e-mail, un indirizzo per noi tutti, ma smistato privatamente a ciascuno: cdfseminaristi@sancarlo.org.

Ci risentiremo per la fine dell'estate, quando ne saprò di più. Per il momento, saluta la tua famiglia da parte mia e rispondi presto!

È bello trovarci (perlomeno) sullo stesso continente!

Saluti, Jonah

23

Parigi, 17 luglio 2000

Caro Jonah,

scusa se uso questo pezzo di carta, ma qui c'è poco altro. Ho provato a chiamarti un paio di volte e ho lasciato un messaggio in un mix di italiano pessimo e inglese strampalato (che forse quindi non ti sarà mai arrivato). Ti aspetto il 28 luglio allora? È possibile che il 29 mia mamma vada in Croazia e Bosnia per una settimana, così ho pensato che, se sei interessato, potremmo fare una capatina. Ma non è sicuro, e immagino che l'operazione al mio naso la prossima settimana richiederà qualche settimana di riposo (e dolore) in città. È stato bellissimo con Christophe a Parigi, ti racconterò meglio quando sarai qui. Ti aspettiamo tutti, arriva presto.

David

(L'esame per la Normale Superiore non è andato, ma il mio anno all'università – che ho preparato, come ricorderai, in due settimane – è andato benone: i due voti più alti mi sono stati dati da due insegnanti cristiani). L'anno prossimo farò dunque un master in filosofia alla scuola di Scienze Politiche, così diventerò o un filosofo sognatore o un avido politico...).

24

Parigi, 19 luglio 2000

Caro Jonah,

wow! *Calme-toi*, hé! L'inizio della tua lettera era proprio brusco – come la gente del Québec, ho dovuto alzare il palmo della mia mano! Prima di ascoltare le tue ipotesi sulla «pazzia» di Gesù mi sarebbe piaciuto sapere un po' di te e di Roma, e dei tuoi giorni felici nella capitale. Da quando sei partito, ho sentito spesso la tua mancanza, amico mio (non sempre, però, a volte mi stai sui nervi quando nella mia testa discuto con te...), e ti ho pensato spesso, tanto. Ho avuto i miei momenti di Gioia e in qualche modo tu eri lì con me in quegli istanti preziosi (anche se geograficamente parlando mi rispondevi dalla patria di quegli oziosi mangiatori di spaghetti). Ho avuto una gran bella conversazione con F.: sul suo modo di riconoscere Dio, la sua certezza di non essere «ancora» forte abbastanza per seguirne la chiamata (come se il seguace non sia debole). Momenti bellissimi con E. Ti si era molto legato. Quello che hai detto sul seminario lo ha molto colpito (abbiamo anche avuto una grossa discussione sulla Gioia contro la Felicità, e sull'Umorismo contro la Risata, sull'importanza del dolore e della sua funzione).

La bellezza del dono della Gioia consiste nel diventare molto più di quanto sia possibile contenere; quindi, colui che riconosce questo dono, è al di là dell'eterna questione dell'identità e dell'Io. Il surplus di quel dono, ciò che supera quanto potremmo contenere, è ciò che diventiamo da quel momento in poi e il punto in cui il nostro essere (sostanza-identità) è in qualche modo annullato – la Gioia oltre l'Essere, e Dio oltre l'Esistenza... Ma soltanto «in qualche modo», perché ovviamente continuiamo a retrocedere a ciò che siamo ogni giorno: ma questo è un fatto, non una verità. In questi attimi di gioia sei spesso stato con me. È meraviglioso che molte, la maggior parte, delle relazioni che ho qui abbiano acquistato in autenticità: il vivere con l'altro e restare se stessi, non come una difesa, ma come modo di rispettare attraverso la distanza *l'essere altro dell'altro* – come direbbe Lévinas.

Ho finito i *Karamazov*. A parte un paio di episodi all'inizio della seconda parte, un po' eccessivi a parer mio, posso solo inchinarmi... *Il settimo sigillo* e *Il posto delle fragole* di Ingmar Bergman sono forse i film più belli che abbia mai visto. Ho incontrato in un bar uno strano tizio, B., che mi piace molto; te ne parlerò un'altra volta. Un viaggio in Bretagna con F. e un altro amico per quattro giorni. Ho letto *Belle du Seigneur*, il discorso di Albert Cohen in risposta al passo sull'amore-scoreggiare nel Mangeclous che ho letto per te. Anche questo sembra *Il Grande Inquisitore*. Quindi resta il dubbio – come potrebbe essere altrimenti? – che potremmo essere completamente deficienti. Ma se fossimo pazzi, come potremmo spiegare questa pazzia? A volte è come se, per certi versi, la sua stessa esistenza sia una prova che *non possa non essere reale*. È piuttosto triste sentire che la coscienza umana, che ci fa sentire la gioia e Dio, sia solo un bizzarro «scherzo» dell'evoluzione. Coloro che sostengono questa teoria vogliono mostrare come il male sia riconducibile a questa coscienza. L'uomo dovrebbe quindi ascoltare «la saggezza della Natura e degli animali». L'esempio scelto è quello del Nazismo: fu nel paese dove la cultura europea trovò la sua massima espressione che il male raggiunse il suo culmine. È vero che le coincidenze sono un mistero e non solo, forse, un caso: esistono corrispondenze dirette tra il Nazismo e un certo tipo di cultura, ma questo dimostra soltanto che lo sviluppo dell'arte, della scienza, eccetera, non è necessariamente pari allo sviluppo dell'umanità. La questione è quindi discutibile, perché gli «animalisti» non possono concepire un'umanità che sia totalmente estranea sia alla cultura che allo stato di innocenza animale. Ma la relazione diretta tra umani può nascere soltanto in questo stato intermedio – ed è qui, nell'immateriale scambio di parole tra persone, che sta la Presenza. Questa, per Lévinas, è la lezione che ci insegna la Bibbia. Scusa se la mia argomentazione è stata tortuosa.

Sto cominciando a leggere i tuoi appunti su San Giovanni. Posso essere d'accordo con te quando dici che Gesù o è Cristo o è un matto – anche se la sua «follia» non renderebbe assurde molte delle sue parole (posso accettare Gesù come uomo anche se è «un po' fuori»). Ma dopo sembra che tu usi la parola Cristo per intendere Dio. Non ho visto scritto da nessuna parte nel testo che «Gesù è Dio» come dici tu. E Sant'Agostino è il primo a non essere d'accordo su questo punto. «Io e Dio siamo una cosa sola» significa precisamente che Gesù *non è* Dio, esattamente come significa che non è vero che Gesù *non è* Dio. Sant'Agostino insiste su questo nelle omelie XXXVI 9 e XXXVII 6-7. È un po' vago, ma credo usi sia la categoria filosofica di sostanza-essere sia la nozione di *differenza* per dire che, anche se Cristo e Dio hanno la stessa sostanza, c'è una relazione di differenza tra l'uno e l'altro. Ciò è interessante perché il rapporto Padre-Figlio descritta da Agostino si avvicina per certi versi alle relazioni inter-umane descritte da Lévinas – siamo tutti, in parte, uguali anche se questa *uguaglianza* è tagliata nel mezzo da una diagonale di Differenza in cui si realizza lo Spirituale. Aaargrhhh... è tutto un po' confuso, ma tanto meglio.

Avanti con la battaglia (ma senza violenza se possibile)!

A presto, David

25

Parigi, 9 agosto 2000

Caro Jonah,

sentivo di dover finire la mia ultima lettera. Ero euforico quando l'ho scritta e rileggendola mi è sembrata piuttosto pretenziosa. La gioia che volevo trasmettere era sinceramente rivolta a te (come spesso accade, anche in tua assenza, come ti ho scritto), ma tutte le volte che è espressa e scritta sulla pagina, è come se acquistasse una specie di violenza: gioia contro di te! Quindi ti chiedo scusa. Anche la mia critica a San Giovanni è espressa in modo un po' pretenzioso – ho scoperto il testo soltanto tre mesi fa e ne scrivo come se già non avesse più segreti per me! Le tue osservazioni erano bellissime per la loro semplicità e brevità. Io invece sono così pesante! Avrei solo dovuto «mettere in prospettiva» le tue osservazioni – ma tutto questo rientra nella discussione che abbiamo avuto in cucina e in salotto l'ultima volta che ci siamo visti.

Mi piacerebbe anche che tu mi parlassi della preghiera. Una schietta descrizione, non mi serve un elogio alla preghiera, perché credo di essere già convinto del suo valore e della sua bellezza. Dimmi soltanto, se non ti dispiace, come vivi con essa e in essa, parlami del suo effetto sulla tua vita e della relazione col tempo in generale.

A settembre farò Rosh Hachannah e Yom Kippur, ti penserò (ti ho pensato anche quando sono stato alla messa infrasettimanale a St. Mèdard. Volevo provare quello che avevi provato tu a Parigi durante il nostro soggiorno).

Non ho solo avuto momenti belli, sono stato anche molto giù. Non dobbiamo dimenticare anche questi momenti. Che ci piaccia o no, siamo umani anche in queste situazioni, e amicizia significa condividere l'umanità in tutti i suoi sensi.

Scrivi presto. Salutami «Zia» e i suoi amici di cui mi sfuggono i nomi (Rafael? Marco?) e don Massimo.

A presto, David
... e ci risentiremo ancora!

Roma, 16 settembre 2000

Caro David,

«Essere consapevoli di noi stessi fino in fondo significa cogliere nel profondo di noi stessi un Altro. Questa è la preghiera: essere consapevoli di noi stessi fino in fondo fino a incontrare l'Altro. La preghiera è dunque l'unico gesto umano che realizza pienamente la statura dell'essere umano»: *Il senso religioso.*

«La preghiera che non consista essenzialmente nel chiedere tende a essere un esercizio intellettuale o sentimentale. La preghiera è una richiesta di vita...»: introduzione al *Libro delle Ore.*

«Signore, sono profondamente afflitto: con la tua parola dammi vita»: Sal 118, 107.

La cosa per cui prego più spesso è l'attenzione, di solito quando qualcuno mi parla e sono stanco o distratto. Chiedo di darmi chiarezza per vedere l'altro come tale, e non semplicemente come un muro che sta davanti a me. La preghiera come obbligo è un modo efficace per raggiungere quella consapevolezza di cui Giussani parla sopra: sono costretto a guardare davvero dentro me stesso, anche gli aspetti di cui mi vergogno, e riconoscere la mia incompletezza. C'è anche il pericolo reale della routine, ma la preghiera, per sua natura, non si può ridurre a una tecnica, quindi il pericolo della routine non è un ostacolo alla preghiera giornaliera.

È estremamente difficile e raro per me essere presente nella preghiera o nelle interazioni umane; e ciò origina la primordiale invocazione umana: «sono profondamente afflitto! Dammi vita!». La mia sofferenza sta principalmente nella mia incapacità di vedere ciò che mi sta di fronte, quindi sto imparando a chiedere ogni volta che non riconosco esplicitamente la presenza dell'Altro. È relativamente semplice (e utile) condurre meditazioni intellettuali su un testo, ma stare veramente di fronte a me stesso, e quindi davanti all'Altro che aspetto... Questo non è così semplice.

Ecco che quando, in preghiera o semplicemente durante gli eventi di tutti i giorni, riconosco effettivamente l'Altro come una presenza reale, e non come una teoria o il prodotto dei miei rimuginamenti estetici, quando vedo il mio amico come se fosse la prima volta, una gioia incredibile mi pervade. Questa gioia supera quella dell'innamoramento, o piuttosto riproduce tutte le aspettative e il brivido dell'innamoramento con la certezza travolgente che non si tratti di una fantasia: il fatto accade qui, ora, davanti a me, e non è la proiezione di una gioia immediata e incompleta nel futuro. È «un assaggio di paradiso».

La mia preghiera è quindi duplice: poter gioire ed esprimere la mia gioia quando ne sono consapevole, e poter piangere come un bambino quando non lo sono.

Ho scritto la parte sopra durante la mia ora di silenzio ed è stato più un dialogo interiore che una conversazione tra me e te. Ora, per continuare con spirito più vivace:

In *Etica e Infinito*, Lévinas menziona brevemente un aspetto del tempo che è rilevante nella preghiera: «Le temps... est un dynamisme qui nous mène ailleurs que vers les choses que nous possedons». Ciò assomiglia alla preghiera quotidiana dei salmi che facciamo qui: tre volte al giorno preghiamo con i Salmi e alcuni brani della Bibbia, insieme a un canto e ad alcune intercessioni per fini specifici. Questo ci è proposto indipendentemente da come ci sentiamo; così, anche se sono felice, mi ritrovo a pregare «Mio Dio, perché mi hai abbandonato?» nel Salmo 21. È facile trovare tutto questo discutibile, ma ultimamente ho capito che, indipendentemente da come mi sento, ci sono delle parti dei Salmi che risuonano dentro me, che invece di ridurmi al sentimento del momento, richiamavano tutta la mia persona. Ecco che le parole del salmista mi riecheggiano nel cuore tutto il giorno, fino a diventare discretamente le mie stesse parole. In un certo senso, è una specie di trascendenza del tempo, in cui queste parole antiche acquistano una presenza e un'attualità sorprendenti. In un altro senso, è un estensione del tempo nel momento presente che va offrendo alla nostra questione di fondo sempre nuovi aspetti e infinite sottigliezze.

Ti includo anche la traduzione di un capitolo del libro che ho letto a Parigi. È una descrizione sintetica che trovo utile per ricordare come si fa a pregare.

Siamo ora al 17 settembre, è notte fonda, e sto tornando a casa da una festa nell'appartamento accanto delle ragazze dei Memores Domini. Una di loro ha appena fatto promessa di dedicare la propria vita alla verginità ed è stata organizzata una festa in suo onore. Mi hanno invitato per suonare un po' il violino e bere un bicchiere di vino, cosa che ho fatto con piacere. Abbiamo suonato *Cielito Lindo* sotto stelle e alberi di pino con un'enorme luna color arancio che galleggiava a ovest. Suonando quella canzone, ho pensato a noi due a Parigi... (lo so, frase sdolcinata, ma mi perdonerai).

Ho risposto ampiamente alla domanda a cui accenni nella lettera numero due, e quindi procedo ora più in generale: grazie per aver mandato tutte e due le note. Per quanto riguarda il tuo desiderio di sapere più di me e meno di San

Giovanni (lettera 1), hai ragione. In quei giorni, diviso tra Parigi e Rimini, ero profondamente immerso in Agostino e nei Vangeli e ciò ha sopraffatto la mia umanità. Il tuo commento è giustissimo: *Gesù* non è *Dio* e *Gesù* non è *non-Dio.* I tuoi commenti su Agostino sono buoni, ma a mio parere un po' troppo sofisticati. Potresti provare col cominciare da un testo più sintetico... ma non saprei cosa suggerirti. Approfondisci il mistero della Trinità, tre persone e unico Dio, Altro e medesimo, filiazione e relazione nella stessa sostanza...! Non fermarti alla superficie, è l'unica cosa che posso dire. Le mie note volevano essere un tentativo di produrre motivi della divinità di Gesù nel modo indiretto in cui Egli si è mostrato: contraddizione apparente. Continua a leggere!

Procedo lentamente nel mio studio di Lévinas. È molto interessante, intenso e meraviglioso il modo in cui cerca di sfuggire alle conclusioni inumane di alcuni suoi contemporanei uscendo letteralmente da se stesso (o dal suo essere, come lui stesso scrive). In un linguaggio moderno ben formulato, sembra che recuperi molta della metafisica classica, che sto studiando in simultanea. Ho appena cominciato e riprenderò l'argomento più in là. Comunque, il suo problema esposto a pagina 52 di *Etica e Infinito* è uno dei quesiti centrali della metafisica aristotelico-tomista: come relazionarsi agli altri (alle altre entità) in modo da andare oltre la conoscenza, l'assorbimento (che svuota il contenuto della relazione) e l'esercizio del potere.

Sono così contento di sentire delle tue conversazioni con I., F. e *Flora.* Salutali tutti da parte mia e «une grosse bise pour F.». Anche a me sei mancato molto. La mia scrittura spigolosa e asciutta non deve farti dubitare di questo. Anche (forse soprattutto) quando scrivo di San Giovanni. Lo faccio perché ti voglio bene. La tua lettera era così bella (tutte e due) che ho passato il pomeriggio a immaginare Parigi e gli episodi che hai menzionato, i momenti di discussione e pace insieme, la musica volgare e poi quella metafisica. Quasi tutti i giorni racconto alla mia amica Carmela qualcosa di te: di qualsiasi cosa si parli, c'è sempre qualche storia che mi viene in mente. Questa è la mia difesa: anche io ti sento qui con me, nella patria dei mangiatori di spaghetti. Basta!

Ho da poco scoperto un incredibile pezzo di Bach, l'*Adagio* nella Sonata II per volino e clavicembalo. Cerca di trovarlo e suonalo con qualcuno. L'ho eseguito per la prima volta un paio di giorni fa e quasi finivo in lacrime, sono rimasto a bocca aperta. Davvero un gran pezzo.

E ora un po' di saggezza greca: *ou monon edonas kai xaras, alla kai dustuxias kai lupas e ebe ferei*, «la giovinezza porta non solamente allegria e gioia ma nello stesso tempo disgrazia e dolore».

Un anno fa non parlavo una parola di italiano e ora devo tradurre dal greco all'italiano... Pazzesco.

Con affetto
Jonah

Ps: don Massimo ti saluta. Ti chiedo di pregare anche per lui. La prossima settimana verrà operato per un tumore a Milano. Dovrebbe andare tutto bene, ma noi preghiamo comunque.

In allegato alla lettera del 16 settembre: traduzione del capitolo 5 di *Tracce d'esperienza cristiana* (qui l'originale):

Preghiera

«Il versetto 14 del primo capitolo degli Atti ci mostra la comunità degli Apostoli nell'attesa di ciò che Cristo aveva promesso, tutta "assidua nell'orazione".

L'uomo che scopre la sua impotenza vive la comunità e sente la «convivenza» con gli altri solo presentendo qualcosa al di là della sua situazione, ed è capace di risolverla. La comunità

avviene solo là dove c'è un aspettare insieme (anche l'uomo e la donna che veramente si vogliono bene hanno tale forte presentimento, altrimenti non sono insieme seriamente).
Le nostre esperienze prese veramente sul serio sono un soffrire, uno scoprirsi carichi di bisogni, di problemi insoluti, di dolore, di ignoranza: prese veramente sul serio esse inesorabilmente esigono qualcosa d'altro, qualcosa che va oltre: hanno cioè una autentica dimensione religiosa.
Le nostre esperienze prese sul serio sono una autentica profezia (attesa, speranza...) di ciò che ancora non si ha.
Il senso di tutte le nostre esperienze, ecco che cosa non abbiamo ancora. E lo si aspetta, magari inconsciamente.
Se questa attesa è veramente consapevole – consapevole dell'inesorabile incapacità umana e dell'inesorabile suggerimento della natura –, allora essa diventa per forza preghiera, preghiera all'Altro misterioso che mi potrà aiutare a risolvere; preghiera a quel Dio che... Lui fa sorgere la domanda, Lui darà la risposta.
La preghiera è quindi semplice domanda, l'atto più semplice per tutti e più sentito da tutti, l'atto che è fondamento della umana consapevolezza, l'atto più concreto che esista.
Prega chi più è realista: chi considera più seriamente la sua esperienza umana.
Ed è domanda fatta insieme, in comune. La scoperta dell'impotenza a essere felici costituisce la scoperta di ciò che abbiamo maggiormente in comune con tutti gli altri: questa impotenza è infatti ciò che di più umano c'è in ognuno.
Allora, anche l'atteggiamento di attendere quell'Altro che ci aiuti è di tutti insieme, è comunitario per sua natura, sì che nessuno lo può veramente tenere senza sentirsi "un cuor solo con tutti"» (da L. Giussani, *Tracce d'esperienza cristiana*, Jaca Book, 1990, pp. 29-30).

27

Parigi, settembre 2000

Caro Jonah,

grazie mille per quello che mi hai detto circa la tua esperienza della preghiera. Hai ragione quando dici che può essere concepita come un'espressione di gioia (o la gioiosa gratitudine per il miracolo dell'apertura all'Altro che ci è data quando lo riconosciamo), o il grido che segue il grigiore che ci investe (anche se il grigiore non dovrebbe essere mai pretesto per non agire nei confronti dell'altro riconoscendone e rispettandone l'*alterità*: in teoria, perché in pratica ce ne sbattiamo; di qui la Misericordia). È bello anche pensare la preghiera come la possibilità di un alterno e più autentico nesso con il tempo – così si giustificherebbe la sua quotidianità e il fatto che, anche se spesso la si sente come routine, a lungo andare l'abitudine e il *lavorare il tempo* danno al cuore umano una più profonda consapevolezza dell'*alterità dell'altro*. In un certo senso è come se la preghiera fosse un collegamento orizzontale o, meglio, la dimensione in cui l'orizzontale è ridefinito da un'intrusione del verticale. Ciò sta anche a significare che la preghiera non è una richiesta: è questo che fa imbestialire me e la maggior parte delle persone che conosco, cioè il fatto che spesso si fa la preghiera solo per chiedere qualcosa di specifico. È comprensibile che in momenti difficili si possa essere tentati di chiedere qualcosa in particolare, ma come si fa a dare un significato spirituale a una necessità momentanea? Quando mio padre si ammalò di cancro, non vedevo come una preghiera avesse potuto rappresentare una concreta risposta al mio stress, se non, forse, da un punto di vista psicologico.

È vero però che, se la preghiera è la lenta assimilazione di un senso nuovo di tempo che permette l'Apertura, allora trascende qualsiasi motivazione psicologica. E la preghiera come spontanea gratitudine del dono della Diversità nella gioia è tutt'altro che psicologica. Lo stesso grido di disperazione è la disperazione per essere esclusi dalla Gioia, e non è poi un sentimento così egoistico, in quanto consente di riconoscere la presenza del mio prossimo.

Questo si riallaccia alla nostra discussione sul fatto che Dio sia presente nel mondo (nonostante la Sua o attraverso la Sua totale assenza), o se intervenga *anche*, come dicevi tu, in esso. Secondo me la seconda opzione ridurrebbe la Sua distanza che poi racchiude il mezzo stesso della Sua presenza. Ciò credo rientri nella questione generale sul Male, perché, se si accetta che Dio intervenga sul mondo, si deve anche accettare che il male non sia altro che il pretesto per uno scopo più alto (quando parlo di *male* lo distinguo dal peccato che è – o, quando è – una libera scelta; il male è ciò che capita inaspettatamente a un innocente o a un gruppo: vedi Giobbe). Questa idea secondo me è al massimo una superstizione, al minimo piuttosto scandalosa. Quello che mi piace della storia di Giobbe è che l'assoluta miseria in cui egli precipita è assurda (la conversazione di Dio con il Diavolo non può essere presa a mio parere come una ragione letterale). Il punto è vedere se nel mezzo di una situazione assurda in cui è impossibile dare un senso a un fiume di eventi, abbia un senso credere in Dio. E la grande scoperta è che ce l'ha! Ma non si deve cercare di trovare una «saggezza nascosta» nella reale miseria – il bello è che, nonostante l'orrore, credere in Dio ha senso. Questo è un caso estremo, ma il suo estremismo dovrebbe essere visto come una sorta di «impalcatura» della fede. E non sembra che Giobbe abbia fede solo in vista della promessa di felicità eterna dopo la morte. Mi sembra che sia in riferimento al dibattito tra *presenza* e *intervento* che Lévinas parla di

Dio – l'Altro – come ciò che è prima e aldilà dell'essere.

L'essere è essenza o sostanza e l'essenza dà un senso all'intervenire. L'uomo interviene perché è sostanza. La sostanza è dunque il dono empirico della Creazione. Se il Creatore manca di sostanza, non significa che sia meno Superiore.

Credo che almeno su un principio generale si possa essere d'accordo, che la perfezione di Dio non ha nulla a che vedere con le caratteristiche che si attribuirebbero a realtà terrestri! Quindi, se il triangolo *sostanza-essenza-esistenza* è ritenuto il nocciolo del «terreno» – ecco la questione tutta da dibattere – il problema se *Dio è* o no è meno d'impatto. Per certi versi sarebbe più giusto dire *C'è Dio* piuttosto che *Dio è*. Tale dibattito non ha niente di formale, è invece cruciale nella questione della presenza e dell'intervento. Una volta hai detto che Dio *anche* interviene, e che non accettare questo significa ridurre la sua Superiorità. E io ti risposi allora che era paradossale *innalzare* Dio attraverso lo stesso principio contro il quale Dio veniva inizialmente definito (il senso della Genesi, secondo la tradizione ebraica, è che Dio non è in terra, anche se è presente nelle relazioni faccia a faccia di cui la Parola è il nesso. Nel giardino dell'Eden non è Dio a camminare e mettere Adamo ed Eva di fronte al *peccato della mela*, ma il Suo respiro). Solo perché la presenza non permette la certezza empirica di un intervento, non significa che questa sia solo un'astrazione. Forse Dio non è intervenuto per farci incontrare. Io sentivo che c'è stato qualcosa di più, e un desiderio non formulato di alterità. Ti ho visto e in fondo alla mia coscienza ho riconosciuto la sete che è poi sfociata nella nostra amicizia.

Va bene, sì, credo che la consapevolezza sia un Dono, ma il Dono consiste esattamente nella Presenza e va ben al di là dell'intervento (devo ammettere che la parola *intervento* non mi è mai piaciuta, mi fa pensare a un'operazione di polizia...). La nostra amicizia dunque non è tanto destino, quanto il frutto di una doppia consapevolezza, che rappresenta l'istante stesso della Presenza e richiede da parte nostra la massima responsabilità – nei confronti Suoi, più che dei Suoi nei nostri.

Cosa mi sta succedendo! D'un tratto mi metto a scrivere lunghe lettere! Per concludere: hai ragione a dire che il problema di Lévinas è simile a quello metafisico classico. Ma uno dei punti che Lévinas vuole evidenziare è che la filosofia e la teologia classica cristiana erano troppo influenzate dalla nozione aristotelica di *sostanza* – e questo, secondo la sua visione decisamente acuta, portò quindi a mal interpretare l'essenza stessa della spiritualità dello Spirituale. Ma Lévinas non crede nemmeno che il pensiero cristiano sia necessariamente legato alla filosofia cristiana classica. Il modo in cui un problema come questo è posto – detto, messo in parole – può dunque condurre in direzioni diverse.

Ok, basta! È ora di andare a dormire, 3.35 del mattino... Caaazzooo!

Spero tutto stia andando per il meglio con l'operazione di don Massimo. Avrai forse notato che buona parte della mia risposta si rifaceva al tuo poscritto: o non capisco il nesso tra una preghiera e un evento specifico come questo, oppure non so come pregare così intensamente. Però posso dare la mia speranza, la mia profonda speranza. Dagli un bacio da parte mia quando lo rivedi – sempre che lo accetti venendo da me!

E un bacio anche a te, vecchio coccodrillo...

A presto, David

(Jonah, potresti farmi avere velocemente il cognome di Christophe? Gli ho scritto una lettera che voglio mandare insieme alle fotocopie del discorso di Mangeclous sulle donne, l'amore, la passione e il generale fenomeno dello scoreggiare).

Roma, 2 ottobre 2000

Caro David,

come al solito la tua lettera mi impedisce di studiare greco e metafisica, quindi ti rispondo subito, così dopo potrò tornare al mio dovere. Forse lo avrai colto dalla mia voce al telefono, non ne sono certo dispiaciuto! Ho fatto salti di gioia quando hai scritto «è come se la preghiera fosse un collegamento orizzontale, o, meglio, la dimensione in cui l'orizzontale è ridefinito da un'intrusione del verticale». Ti rispondo ascoltando l'opera 135 di Beethoven.

Intitolo quanto segue: speranza e il «tu».

Come hai notato il mio poscritto non era del tutto secondario, dato che è nella concreta espressione della preghiera che se ne coglie l'essenza. Hai scritto «o non capisco il nesso tra una preghiera e un evento specifico come questo, oppure non so come pregare così intensamente. Però posso dare la mia speranza, la mia profonda speranza». Che cos'è la speranza? In che cosa spera una persona? È la speranza che nasce dalla certezza, e non il contrario: si acquista esperienza riconoscendo l'alterità e, quando questa non è più riconoscibile, la preghiera di speranza scaturisce dall'esperienza. «Ho visto e ora non vedo. Fammi vedere!» è il nocciolo che sta alla base di questa domanda. Parte dalla certezza e non dal dubbio, poiché si crede che la verità sia stata lì dove ora non c'è più niente. Molti hanno manifestato questa incapacità di vedere le cose come sono: lasciando da parte ogni diminuzione delle nostre facoltà fisiche, psichice e mentali, resta la condizione straordinaria di vedere gli Altri come sono: e quando li vediamo come non sono (fisicamente, come degli strumenti, come nemici, ecc.), proviamo un senso di infinita limitazione della relazione. Vediamo anche meno noi stessi... tuttavia non allontaniamoci dal tema della speranza.

La maggior parte delle volte ci lasciamo andare alla deriva nelle relazioni senza riconoscere altro «aldilà» di una confusa melanconia: altre volte, però, per una sorta di insperata rivelazione, capita che la persona che abbiamo di fronte acquisti un'altra dimensione, come se una fotografia si trasformasse improvvisamente in una finestra reale sulla scena fotografata. In questa posizione confusa, un'attrazione fortissima spinge gli uomini gli uni verso gli altri: «come, anche tu qui?». Il Tu, con estrema varietà di riferimenti, si usa per intendere allo stesso tempo *altro* e *stesso*, in riferimento al profondo legame che condividiamo nonostante l'irriducibile diversità tra noi (prova a leggere l'approccio della teoria classica tomistico/aristotelico al tema: essa gira intorno alla connessione dell'Essere che unifica e diversifica attraverso l'Essenza... è superbo).

Poi, il giorno dopo, la rivelazione è andata. L'Altro di un tempo è ora l'estraneo che dapprima non riconosci neppure. Sei sopraffatto dall'amarezza. Se sei convinto che la tua esperienza sia stata reale, e non una chimera partorita dalla tua mente, questa amarezza può crescere in una preghiera: «fammi vedere ancora!». Ma può accadere che, come fu per Giobbe, tu non veda il giorno dopo, né il giorno dopo ancora. L'esperienza si ripete forse dopo una settimana: che gioia! O forse l'esperienza è lì, ma l'amarezza ti ha reso cieco a tal punto da non riuscire a vedere di nuovo. Questi sono tutti fatti. Puoi trascorrere un anno nel grigiore, e la nebbia sembra infittirsi con il passare dei mesi, oscurando persino il senso del tuo amore per la tua ragazza, per un amico o per la Chiesa. Puoi arrivare addirittura a scommettere che il tuo migliore amico è in realtà una bugia e un fallimento e che, una volta tornato a Parigi, sarà tutto finito. Poi, però, «in un momento predeterminato, un momento nel tempo e del tempo...», il tuo amico ti manda a dire attraverso un intermediario, una ragazza di nome L., «mi manchi»: «non ti vedo», potremmo dire. Allora, in quell'istante, i mesi di foschia acquistano un senso, diventando un momento di Realtà visto con la giusta prospettiva. Niente era perduto. Non vedevo, ma la mia stessa cecità ha intensificato il momento di rivelazione, lasciandomi un segno dentro così profondo da non poter più essere cancellato.

Tutto ciò che possiamo dire della nebbia è che speriamo non ci sia, ma alla fine non è inutile, come credo fermamente non sia inutile il male, anche il più scioccante, anche gli indiscutibili orrori del Novecento. Non si può confutare Dio sulla base dell'Olocausto, così come non fece Giobbe. «Dov'eri quando ho gettato le basi del mondo?». Dobbiamo sperare basandoci sulla certezza del bene che vediamo, ma non dobbiamo imporre la nostra intelligenza limitata sull'Intelligenza, o il nostro limitato senso della giustizia sulla Giustizia, la nostra limitata bontà sul Bene. Questa sarebbe il massimo dell'idolatria.

Eppure è un orrore oggettivo. Sia che io parli della nebbia che mi separa dagli altri uomini, i miei fratelli, o dell'anonima crudeltà ad Auschwitz, o della fame, è male, è mancanza di essere, ottusità verso ciò che è. Come a volte riesco a riconoscere ciò che è bene, posso anche riconoscere cosa è male. Quando ci riesco, questa coscienza sale come un grido di preghiera: fai che le cose vadano bene! Questo è il senso della più grande delle preghiere, il *Pater Noster*. «Sia fatta la Tua volontà» significa che Tu sai cos'è meglio e vogliamo che il Tuo volere sia fatto. «Dacci oggi il nostro pane quotidiano», in senso letterale, significa che oggi vogliamo mangiare, non vogliamo morire o soffrire. Prenditi cura di noi. Il volere di Dio prima di tutto però. Forse oggi, come è successo con Giobbe, Dio non mi darà il pane quotidiano. Il mio dovere principale è pregare che il Suo volere sia fatto e che il male oggettivo della fame venga rimosso. Questa è la caratteristica fondamentale di qualsiasi specifica richiesta: in fondo il mio desiderio che il male oggettivo del tumore di don Massimo venga guarito diventa preghiera nella specifica richiesta: «dagli vita! Ma se non ho visto abbastanza chiaramente, sia fatta la Tua volontà». Questa è la prova della simultanea grandezza e debolezza dell'uomo.

Ma questa preghiera, questo grido di supplica o gioiosa riconoscenza, a chi è diretta? Chi ringrazio quando vedo e chi mi fa vedere? È un Tu, un Altro, ma un Tu come nessun altro. Quando dico: «Fammi vedere!» implicitamente rivolgo la mia preghiera a Uno che è così potente da farmi vedere quando tutti i miei sforzi falliscono. Credo, anche se implicitamente, che il mio desiderio di essere, vedere, vivere possa essere raccolto da questo misterioso Tu. Infatti, viene fuori non solo che il desiderio di vedere è avverato, ma che vediamo più di quanto si sia chiesto o sognato. Quando vedo, non vedo solo David ma anche l'Altro nell'altro, anche l'origine, il corso e la fine di tutte le cose in quell'unico lampo di rivelazione. Dio rivela non solo il sorprendente e stupendo essere altro del mio amico, ma anche il fatto che Egli è l'Altro dell'altro, che il profondo legame che mi lega al mio amico è il legame dell'essere ed Egli è Essere... ma queste sono cose che le parole sanno esprimere solo se l'evento è già accaduto.

Qui sta il Padre Nostro: il Padre Nostro che mi ha creato nel ventre di mia madre, che sostiene il mio essere ogni istante, il cui essere sostiene tutto ciò che è, e al di fuori del quale nulla esiste, che è un padre e non un padrone, che ci lascia scoprire molte cose da soli. Padre Nostro, sia fatta la Tua volontà, come in cielo così in terra.

Per concludere in breve: questo è un tentativo di descriverlo, ma l'argomento non si esaurirà mai. Cerca di leggerlo come fosse una prima esperienza, non in relazione a ciò che scrive Lévinas; le sue impressioni di metafisica classica, a questo punto, finirebbero solo per confondere le cose. Finché non capiamo il senso che d'Aquino dà alla sostanza non è una buona idea scartarlo.

Mi dispiace dover lasciare il tutto in termini così tecnici. Forse dovrei raccontarti piuttosto delle cose belle, come di ieri quando sono andato a vedere i quadri su cui sta lavorando una mia amica artista... i suoi quadri moderni contengono così tanto mistero e amore. Ma è ora di spedire questa lettera. Ce ne sarà presto un'altra!

Saluti, Jonah

29

Parigi, ottobre 2000

Caro Jonah,

visto che ti penso spesso (parliamo nella mia testa e ricevo strani messaggi al telefono), non sento di averti perso di vista. Ma devo ammettere che non ti scrivo da tanto tempo, e le mie conversazioni immaginarie non possono rimpiazzare un vero scambio epistolare!

Seriamente, devo dire che, a parte il solito motivo che conosciamo (fare venti cose contemporaneamente), la ragione principale del mio silenzio è che qualcosa di nuovo deve nascere in me perché io continui a seguire il filo dei pensieri che abbiamo cominciato per lettera. Ma mettersi nelle condizioni di far nascere questo qualcosa non è sempre così facile – come sai bene, per Dio! E la vita quotidiana è costellata da così tanti piccoli fallimenti che non portano molto lontano. È al tempo stesso terrificante e meraviglioso come la nostra umanità non sia una materia, ma un lotta giornaliera; e tale lotta, soltanto pochi mesi fa, sembrava stupenda (mentre ora, non la definirei proprio terrificante, ma di certo è il nocciolo più duro della faccenda!). Il che non è così male, purché io mi prefigga uno scopo. Tua sorella mi ha detto che Dio ha infinita pazienza e, se riesco a non scalfire la delicatezza di tanta pazienza, ho buone speranze che ce ne sia anche per me.

Non so se ho molto altro da scriverti in questa lettera. A

volte è così frustrante che non si possa condensare un flusso di pensiero in una sola parola – ce n'erano diversi che avrei voluto condividere con te.

Una cosa che mi piace è la lezione di filosofia. Seguo due corsi: uno lo insegna la mia relatrice di tesi (per ora sono riuscito a pensare solo al titolo pomposo «Lévinas, l'Arte e il Bello: l'arte e il bello a dimostrazione della filosofia etica, della storia e del pensiero religioso». Se mi riesce di scrivere ciò che voglio, tratterà dell'autenticità del giudaismo. Ma ovviamente, essendo la mia cultura generale piuttosto mediocre, non arriverò mai a una risposta alla questione!). Il corso è sulle riletture contemporanee (scientifica, strutturalista e post-modernista) del tema dell'unicità dell'Uomo e la legittimità della questione stessa. Parte dal presupposto che l'umanesimo post-illuminista ha fallito nel suo tentativo di preservare e addirittura raggiungere l'umanità dell'uomo – da qui l'orientamento contemporaneo. Intento dell'insegnante non è scartare questo approccio completamente, ma dimostrare che è senza sbocco. Da qui, una nuova interpretazione dell'unicità dell'uomo in rapporto a un senso di trascendenza etica: la Bibbia (non ci è ancora arrivato, ma credo miri a quella).

L'altro corso che sto seguendo è su Heidegger – che prima o poi dovrai affrontare (da un certo punto di vista è il gigante della filosofia del Novecento). È un corso davvero molto interessante, anche se non sono un seguace di Heidegger e non sono d'accordo con molte delle presentazioni del professore. Credo che questo corso piacerebbe molto anche a te. Te ne parlerò di più un'altra volta: è un po' complicato e il mio cervello è esaurito.

Non preoccuparti per quello che ti ho scritto nella prima pagina. Spesso ho difficoltà a mantenere un equilibrio: non ho un vero gruppo di supporto spirituale (potrei facilmente trovare dei cristiani da frequentare, ma trovo difficile accettare – se non capire – la rivendicazione cristiana di un'interpretazione del mondo cristiana.) Mi mancano anche contatti con la comunità ebraica. Forse dovrei andare più spesso in chiesa e alla sinagoga (beh, potrei sempre trovare un compromesso tra le due e convertirmi all'Islam...): è difficile farne un'abitudine se non si è imparato da piccoli. Ho spesso nostalgia delle esperienze amorose, per metterla poeticamente (ma non posso ridurre le storie passate che ho avuto alla categoria dello scopare che ci faceva tanto ridere la scorsa estate). Forse, in fin dei conti, non mi sento poi così sicuro di me nel mio lavoro. Non penso tu abbia mai sperimentato questa sensazione, ma è poco piacevole. Quando devo mettermi davvero al lavoro, le parole il più delle volte «vengono meno» (*les mots manquent à ma plume*). Sento già che a scienze politiche, dove è richiesto parlare davanti alla classe, avrò spasmi da «panico da palcoscenico». Per certi versi esagero, per altri no. Credimi, ho ben poco dell'immagine dell'intellettuale parigino che a volte ti fai di me. Se tu non fossi mio amico, sarebbe stupido da parte mia lamentarmi con chi ha lasciato il suo continente, la sua lingua madre e gli amici più prossimi per intraprendere un rigoroso cammino verso il sacerdozio (anche se si tratta di un cammino di gioia, sono certo che a volte hai difficoltà a venire a patti col tuo sangue irlandese...). Bene, a letto. Spero sia tutto a posto. Ascolta la musica per pianoforte di Ligeti e il suo meraviglioso *Continuum* per clavicembalo. Sono sicuro che ti piacerà anche *La passione secondo San Luca* di Penderecki. Prova le *Variazioni Diabelli* di Beethoven (il suo ultimo capolavoro per pianoforte). Anche *Different Trains* di Steve Reich è un pezzo potente (ma non credo ti piacerà molto).

A presto, David

(Manda i miei saluti a don Massimo. Sto pensando di venire a fare una visita a Pasqua).

Roma, 21 novembre 2000

«Infatti per me, alla fine, il mistero più grande è quello di capire come mai certe musiche realizzino in noi una corrispondenza mentre altre no. La risposta che io umilmente ho cercato di dare a questa domanda che mi assilla – che avrei voluto porre quest'estate a Carlo Maria Giulini, che era in vacanza a Punta Ala, ma poi non sono più riuscito a incontrarlo – è che questa corrispondenza che si crea tra certe melodie, certi passaggi musicali e il mio essere è rivelatrice di una strutturale corrispondenza del mio essere con la melodia. Quindi, in realtà, la musica (penso a Mozart, Beethoven, Haydn) non fa altro che far emergere attraverso il genio quello che è il canto costitutivo dell'Essere. In altri termini: è la musica che copia la natura oppure è la natura che copia la musica?».

Don Massimo, *Appunti per il canto*, pro manu scriptum

Caro David,

ti ricordo in milioni di cose e mi piacerebbe tu potessi vedere un giorno attraverso i miei occhi e capire la mia vita qui. Non riuscirei mai a scriverla tutta e incontro molte difficoltà a cercare di spiegare anche solo una parte dell'espansione che qui il mio spirito ha subito. Ogni giorno mi elevo al di sopra dei problemi che prima erano insormontabili, dei cambiamenti palesi nelle mie azioni e idee, del perseverare di certe difficoltà e risorse che mi ricordano quanta strada resta ancora da fare in questo viaggio e, soprattutto, l'esperienza quotidiana dell'Amore (che ha tessuto questa camicia di fiamma).

Uno dei miei professori è un grandissimo esperto di Lévinas e vi fa spesso riferimento in classe. Probabilmente lavoreremo fianco a fianco per la mia tesi di fine anno (ogni anno dobbiamo scrivere una relazione di diverse pagine). Ascoltandolo, riconosco spesso argomenti e frasi che ho sentito da te e che non mi erano chiari, ma che adesso comincio pian piano a comprendere. Ho finito *Etica e Infinito*, ma non ho avuto tempo di cominciare l'altro. Ammetto che alla fine sono rimasto un po' deluso da Lévinas: è praticamente un ateo che vuol trovare un'etica che non richieda la Rivelazione con la "R maiuscola" della Cristianità. Questa, almeno, è stata l'ultima impressione che ho avuto dall'intervista con Nemo. In molti punti era scritto in modo notevole e piuttosto perspicace, ma mi chiedo quanto profondamente l'esperienza del Nazismo lo abbia ferito (in particolare, la sua capacità di pensare e credere in termini assolutistici). Comunque, non commenterò oltre finché non avrò letto di più.

Mi auguro che la mia ultima lettera non abbia urtato i tuoi sentimenti. Spero che tu non mi abbia risposto per pigrizia o perché eri occupato, e non perché sei arrabbiato (ovviamente vorrei ancora sapere che ne pensi, se riesci a perdonare il modo in cui te l'ho scritto).

Ti prego, fammi sapere come è la vita a Parigi, come vanno i corsi, se hai deciso o no di sviluppare la tua idea iniziale per la tesi ecc... Non ho avuto tue notizie da due mesi e mi chiedo come stiano andando le cose laggiù.

A parte i corsi, ogni settimana vado ancora all'ospedale a far visita ai pazienti. È sempre un gran momento di sintesi. Sto anche preparando la *Sonata II* per violino e pianoforte di Bach per un concerto di Natale. Ho ricominciato a scrivere musica e ti manderò presto qualcosa. Ultimamente non riesco a togliermi dalla testa la messa di Mozart in do minore, in particolare il primo movimento e l'*Et incarnatus est*. Più lo ascolto e più sembra acquistare profondità e stupore; a poco a poco sta prendendo il posto della *Missa Solemnis*... Le sere riecheggiano di dibattiti su Ulisse, Dante, Beethoven, Mozart, frammentazione, tristezza, pietà e gioia. Il tempo è burrascoso e il cielo luminoso e imprevedibile, i tramonti e le albe sono spettacolari.

Saluti, Jonah

Ps: Old Fuck ti saluta.

31

Parigi, novembre 2000

Caro Jonah,

credo che le nostre lettere si siano incrociate. Devi aver ricevuto la mia mentre mi arrivava la tua.

Se la tua ultima lettera mi aveva irritato, te l'avrei detto! E poi cosa mai avrebbe dovuto infastidirmi? Quello che mi hai scritto riguardo la preghiera era interessante e meraviglioso. Ma non credo di aver capito, né credo di essere d'accordo. Ho avuto l'impressione che tu non avessi risposto alle domande che ti avevo fatto nella lettera precedente. Ma non ho voluto insistere perché, come ti avevo detto nell'ultima lettera, avevo bisogno di maturare in esperienza prima di poter parlare di nuovo seriamente di simili questioni.

D'altro canto, i tuoi commenti su Lévinas mi sorprendono un po'. È evidente che non vuole fondare il suo sistema etico sulla «Rivelazione con la "R maiuscola" della Cristianità», altrimenti sarebbe... cristiano! E non lo era né lo è mai diventato. Mi sembra che abbiamo già parlato dell'*ateismo* e dell'uso che ne fa Lévinas (ricordi? È accaduto nella mia cucina e ci siamo infervorati... è stato allora che abbiamo discusso sul problema dei miracoli). In un certo senso hai ragione però. Non è ateo, ma credo sia un simpatizzante dell'ateismo più di quanto possa esserlo un cristiano. Secondo me si troverebbe d'accordo con l'interpretazione della Genesi e del suo significato fatta da

Yeshayahu Leibowitz (credo di avertene già parlato): Dio creatore del mondo significa che Dio non è nel mondo e quindi non *interviene* sulla terra – qualsiasi intervento sarebbe un'intrusione nel mondo, e la negazione di quel *in* è il primo atto decisivo della spiritualità monoteistica. Il che non significa che Egli non sia presente e che non si possa instaurare alcuna relazione con esso, ma la relazione non dovrebbe essere mai concepita in termini di fusione definitiva. La bellezza dell'interpretazione di Lévinas sta, secondo me, nel suo affermare che la distanza non sia solo una realtà, ma la condizione stessa del divino. La fusione con il divino è l'eterno appello del paganesimo. La distanza invece dà al tempo e al linguaggio (in relazione all'altro e attraverso di esso, la potenziale espressione di *Altro*) un valore che altrimenti non avrebbero. È quindi attraverso un particolare senso del tempo e un'attenzione crescente verso ciò che accade nello scambio verbale che lo spirituale diventa vita (per Lévinas questo giustifica la Legge, che è il segno esistenziale dello spirituale nella vita, ma anche il cristianesimo che ristabilisce un passo regolare che ammette quel senso alterno del tempo – soprattutto nel sacerdozio e nella vita monastica – nonostante l'abolizione cristiana della *lettera* della Legge). Il paganesimo non può cogliere questa dimensione della vita – solo Socrate la colse, ma era già con un piede fuori dal mondo greco, come ha dimostrato lo stesso Nietzsche. Un ateo è più vicino all'opportunità di una simile vita, purché ammetta anche che Dio non sia nel mondo (ma non vuole impegnarsi consapevolmente nell'avventura – Ivàn Karamazov – oppure semplicemente non gliene frega un cazzo – Voltaire). L'ateismo, inteso meno come scelta e più come una vera e propria condizione dell'uomo sulla terra (Lévinas ridefinisce in *Totalità e Infinito* l'ateismo come a-teismo, ossia lo stato separato dell'uomo sulla terra, l'assenza di un cordone ombelicale), coesiste secondo la Bibbia con la possibilità di una spiritualità ed è significativo fin tanto che disillude il mondo: la brezza leggera che sfiora la punta dell'albero non è il volo di una divinità; il rumore dell'acqua in un ruscello non è l'invito a una ricerca metafisica in vena poetica. Dio ha fatto l'uomo a sua somiglianza ed è quindi attraverso il legame umano che la spiritualità acquista significato: da qui la *faccia* dell'uomo che deve essere interpretata non tanto come raffigurazione quotidiana che abbiamo del viso quanto come un'apertura di trascendentale sull'uomo che richiede una risposta (e la mia si fa attendere…). Dio ha fatto l'uomo, e non il mondo, a Sua immagine: quindi il discorso dello staretz nei *Fratelli Karamazov* è spesso vicino da questo punto di vista a forme di paganesimo! Lévinas fu molto fortunato durante la guerra. Soffrì perché la sua famiglia (genitori e parenti in Lituania) furono mandati a morte, ma egli si salvò vestendo l'uniforme francese. Fu fatto prigioniero in quanto militare francese e messo in un campo di detenzione che non era troppo duro. Più volte disse che fu durante la guerra che sperimentò la forza della devozione cristiana: sua moglie e sua figlia si salvarono nascoste dalle suore, da qualche parte in centro Europa. Non lo dimenticò mai.

Ricordi in Oregon, la prima notte che arrivai, quando discutemmo sul modello dell'«irascibile slavo», che potrebbe usare la sua violenza inaudita anche per combattere per qualcosa di più, e sul modello alterno del «liberale contemporaneo», appena soddisfatto nel suo razionalismo superficiale, ma rispettoso della vita umana – e tu che preferivi il primo modello mentre io ero per il secondo? Credo che Lévinas la penserebbe come me, anche se non si identifica mai con quella tipologia! Forse ha a che fare con le nostre dispute politiche... ma questa è un'altra storia!

Ok. Io ho finito – non stava a me cominciare in ogni caso... ma non ho detto niente di nuovo. Ho solo ricapitolato alcuni punti di cui avevamo già parlato. Dall'ultima lettera che ho scritto, sto meglio riguardo me stesso e le cose intorno a me. A settembre e ottobre due deliziose fanciulle, come le chiamerebbe il signor Harry, si sono innamorate di me e mi sono convinto che una delle due doveva essere *quella giusta*. Così ho cominciato a uscire con V., e subito mi sono reso conto che con lei non riuscivo ad aprirmi. L'ho sempre rispettata però. Ci siamo lasciati bene. Con *Flora*, invece, l'amicizia pura che avevamo instaurato ad agosto non è durata molto! Ero spesso al limite, ma non è successo nulla. Non sono sicuro di come funzioni una «regolare» relazione amorosa con una ragazza. Ma quel che so è che con *Flora* non può accadere: i giochini devono finire.

A volte penso che le cose sarebbero molto più semplici se io avessi ricevuto una regolare educazione spirituale – e quindi avessi un gruppo di riferimento. Tuttavia, la mia posizione è interessante e credo che l'educazione che ho ricevuto è riuscita a darmi qualcosa di cui non sempre sono consapevole, ma che è molto potente.

Torno al mio lavoro.
Ho una cassetta pronta per te.

Quando puoi venire a Parigi?

A presto, David

Ps: ieri sera sono andato con S. a un conferenza davvero interessante. Di ritorno, ha chiesto di te. Così le ho detto che a Roma stavi crescendo. Mi ha risposto che la cosa la sorprendeva. Ho cominciato a difendere la tua posizione cristiana, ma mi ha interrotto dicendo «no, non è quello, è solo che è così bello e ha un bel coraggio a entrare in seminario!».

Roma, 6 dicembre 2000

Caro David,

grazie per la tua lettera. È arrivata al momento giusto e ha sedato la mia crescente preoccupazione per te. Da quattro anni ormai, quando non mi arrivano tue notizie, entro in uno stato di tensione. Questa sale e sale fino a che, proprio quando l'agitazione comincia a prendermi anche nei momenti in cui sono meno cosciente, arriva una tua lettera. Quindi grazie.

Come al solito qui in un'ora accadono eventi da riempire lettere per un anno intero. Quindi comincio da una parte e vediamo cosa ti posso raccontare...

Mi hai scritto: «terrificante e allo stesso modo meraviglioso che la nostra umanità non sia sostanza ma una lotta quotidiana». È questa lama di rasoio tra abissi opposti che terrorizza il nostro desiderio infinito e la nostra infinita fallibilità (non volevo usare il secondo *infinito*, ma è un bell'accorgimento retorico). Come sai, questo è un tema caro a Pascal, e ripreso in forma leggermente diversa nel capitolo 14 de *Il senso religioso* – prova a leggere il capitolo e dimmi cosa ne pensi. Ciò che adoro di questa casa è il fatto che riesce a «proteggermi dagli eccessi», dopo che per anni ho combattuto, senza molto successo, una battaglia solitaria per riuscire a conquistare un equilibrio. Qui costruiamo «come devono costruire gli uomini, con la spada in una mano e la cazzuola nell'altra», come dice il nostro sempre presente Eliot.

È ora di andare a dormire. Tra una settimana torno a casa per Natale, sarò di ritorno a Roma il 2 gennaio. Per quanto riguarda Pasqua, ti prego di farmi sapere quali sono i tuoi giorni liberi dai corsi. Se tu potessi venire quando abbiamo lezione sarebbe meglio, potresti vedere come si vive qui e incontrare gli altri. A Pasqua la maggior parte delle persone sarà partita per le vacanze.

Fammi sapere. Ti penso ogni giorno e ti mando sempre il mio affetto.

Jonah

33

Cartolina da Parigi, 26 marzo 2001
(indirizzata ai seminaristi della Fraternità San Carlo)

Cari amici,

avrei voluto scrivervi prima (Jonah sa quanto sono pigro!). È stato bellissimo il mese scorso con voi: mi avete accolto con un calore e una naturalezza che non si incontra spesso, e non lo dimenticherò mai. Vi penso spesso con grande affetto e parlo spesso qui a Parigi della vostra Fraternità (sono come un apostolo non cristiano di CL!!).

Sarei felicissimo di rivedervi, a Roma o a Parigi.

Ciao ragazzi! David

Parigi

Caro Jonah,

solo un piccolo messaggio preso nell'ingranaggio della nostra corrispondenza – scritto *sur un coup de tete.*

Che bel giorno, adesso (*hic et nunc*), in questo luogo della Creazione! Mi sono alzato con la musica di *Wachet auf, ruft uns die Stimme* nella splendida esecuzione che mi ha raccomandato Paolo. La musica di Bach, la finestra aperta, il cielo grandioso – e appena percepibili i vari suoni della città, dove di tanto in tanto accade «l'eterno miracolo dei nuovi inizi». Quando arriva il magnifico momento dell'*Alleuiah*, ci siamo, cosa e parola sono un tutt'uno! È compresa della scrittura ebraica scritta a mano: *Halleou Yah* – Gloria a Yah!

Rileggevo alcune delle tue lettere ieri notte e ho trovato una verità profonda e bellissima che hai scritto: «una comunità si forma soltanto dove c'è un'attesa comune (un uomo e una donna che si amano provano la stessa inestirpabile intuizione – altrimenti non starebbero insieme seriamente)».

Questa attesa di qualcosa – che includa un'apertura – è forse l'iscrizione concreta di Dio nella nostra carne terrena?

A presto, David

Ps: ti raccomando la lettura dei saggi di Hannah Arendt *Che cos'è l'autorità* e *Cos'è la libertà* in *Tra Passato e futuro*.

Ps 2: Christian ha mai ricevuto le mie email?

Parigi, 20 aprile 2001

Caro Jonah,

stavo per mandarti una lettera più lunga, ma era troppo complicata. Come al solito, mi ritrovo diviso, al tempo stesso felice e infelice di esserlo, tra vari flutti di pensiero e di «vita». Ma non ha senso continuare a voler esprimere i tortuosi meandri dell'interiorità – di nuovo torniamo alla lezione del vecchio Karamazov: la troppa consapevolezza, la troppa abilità nel vedere ciò che si vede e dire quel che è detto, la troppa onestà sono del diavolo!

Probabilmente Wittgenstein lo sapeva ed è probabile che esista un modo di restare in superficie senza essere superficiali.

Di ritorno da Roma a Parigi, sull'aereo, ho avuto come un'intuizione: l'amore è la struttura della realtà. Questo implica necessariamente Cristo? Ma allora, la Chiesa Cattolica è la via a Cristo? Non ho davvero risposta per nessuna di queste domande. All'inizio credevo di averla. Era come se il mio percorso spirituale fosse rivolto non soltanto allo svelare l'origine divina di Cristo, ma allo svelare anche la vostra Chiesa (*Ego sum ostium*). Ho un rapporto molto ambiguo con il cattolicesimo in generale. Spesso il mio sospetto cresce con il mio affetto!

Ho ripensato al discorso che hai fatto venerdì all'incontro della Fraternità. È vero che per il momento la nostra amicizia non può essere semplice come prima. Ho capito che, andando a Roma, sei davvero diventato un cristiano! Ok, basta così per ora, o la brevità e la lucidità di cui adesso ho bisogno si guasteranno.

Il tuo amico, David

(Dovresti leggere da Tolstoj *Confessioni*, *Cosa Credo* e *Pensieri su Dio*).

36

Parigi, aprile 2001

Caro Jonah,

scusa la brevità, vaghezza e relativa arroganza della mia ultima lettera. La brevità era dovuta alla mancanza di tempo – immagino tu sia nella mia situazione! E ancora non ne ho molto! La vaghezza è dovuta a una cosa che adoro di Tolstoj, ma che ancora sono ben lontano dal saper padroneggiare – la capacità di esprimere solo ciò che bisogna esprimere (vedi i suoi commenti sull'affermazione di Gesù «non resistere alla persona cattiva», e la serie di saggi di Paul Auster *L'arte della fame*. Perché questo è così importante per me? Troppa «meta» (non -fisica, ma -linguaggio, -pensiero...) è del diavolo! E ci sono abbastanza portato per natura... Solo a volte l'insolenza va lasciata passare. Come ti ho detto, capita spesso che tu ti infili nel corso dei miei pensieri e a volte mi viene di pensare che tu sia un povero pazzo! Forse non proprio matto da legare, però... Come ho detto a tua madre in una lettera, non avevo capito, quando eri a Montréal, a che punto tu fossi convinto della direzione che stavi per prendere. Immagino che l'idea che tu ti facessi seminarista fosse offuscata nella mia testa dall'immagine di Roma e dal pensiero che, dato il lungo periodo di tempo che precede l'ordinazione sacerdotale, aveva più senso credere che saresti diventato un semplice studente di teologia.

Ora so, e tu non ne hai colpa, che l'impegno che hai preso significa che non siamo proprio sulla stessa strada – e probabilmente, a volte (dico *probabilmente* perché quando succede non me ne rendo davvero conto), posso sentirmi egoisticamente ferito. Questo è il mio problema!

Parlando seriamente, il mio disagio può talvolta derivare da un'idea che mi sono fatto di quello che trasmetti circa la natura, una certa natura direi, del tuo percorso. Una volta mi hai detto che Dio ha un impatto su di te solo attraverso Cristo. Così, quando sorge l'eterno quesito – Cristo è il Messia, sì o no? –, una risposta negativa significa di fatto caos o il «pantano relativista». Io penso che, finché il Vecchio Testamento ha un significato universale senza provocare per questo un'espansione dell'ebraismo nel mondo intero (nella Bibbia definita dall'idea di confini precisi in Terra Santa da non oltrepassare) o una conversione di massa al giudaismo (e rientriamo tutti e due in questa categoria, quella dei non-ebrei), tutti hanno la possibilità di provare a definire un proprio percorso spirituale, costruito su una lettura più o meno minuziosa di passi tratti da questo incredibile libro (o attraverso altre spiritualità, a volte definite in modo troppo unilaterale *pagane*, purché abbiano un riscontro nella Bibbia). Certo la strada è meno sicura, ma per alcuni ciò è causa di gioia. Poiché il mondo del Vecchio Testamento lascia un certo spazio all'indeterminatezza, al caso (benché quello stesso spazio sia sempre fluttuante e mai definibile con esattezza), il rapporto con Dio è dunque forse di un'altra natura. Potrebbe non essere così armoniosamente basato sull'obbedienza (vedi la storia di Giona, che vuole solo andare avanti a vivere la sua vita e scappa via quando è chiamato! Adoro quella storia, perché è forse l'unico profeta che non sembra possedere molte virtù: è soltanto un ragazzo semplice che non vuole avere niente a che fare con ciò che supera le sue capacità), potrebbe spesso condurre all'ira (ma mai all'autocommiserazione), all'ironia (guarda la risposta così commovente di Abramo a Dio nella Genesi XVII, 18: Dio gli ha appena detto che suo figlio sarà anche di Sara, e Abramo risponde: «lascia che Ishmael viva»... Si legge una specie di rassegnazione ironica qui, quasi insolente), addirittura all'umorismo. Lo spazio dell'indeterminatezza non conduce a un'assurdità generale, altrimenti non si avrebbero basi per nessun tipo di condanna, perché è uno spazio limitato. Quella specie di ansia di chi è molto fervente, come Kafka, deriva dal fatto che questi limiti fluttuano – ma tali timori possono scaturire grandi opere.

C'è una significativa parabola nel Talmud che comincia da un salmo di glorificazione delle azioni di Dio nel mondo. La parola ebraica per *azione* è *alila*, ma la parola significa anche *calunnia*. Dal passo citato il talmudista (che come al solito si concentra su un'interpretazione, non come gli altri rabbini, o come in generale il giudaismo, che ricercano l'unità in modi spirituali diversi) trae la stravagante idea che le azioni di Dio derivino dalla diffamazione. Ne offre diversi esempi. Il primo implica l'idea ebraica che la Torah esisteva prima della Creazione (poiché la Parola precede il mondo). Il talmudista dice: sapevi che Adamo ed Eva avrebbero mangiato la mela, ma li hai resi direttamente responsabili di qualcosa che era già scritto nel Libro. Da qui la parabola: lo scrittore dice che il caso ricorda la storia di un uomo che, per una serie di ragioni, avrebbe deciso di volere il divorzio. Quindi scrive in anticipo il contratto di divorzio, se lo mette in tasca e va a casa dalla moglie. Lì chiede qualcosa da bere. Lei glielo porta, ma lui trova qualcosa da ridire sul suo modo di servirlo (probabilmente rompe una regola di purezza, o piuttosto lui fa sembrare che sia così). Così dice: «ecco qua, chiedo il divorzio» e tira fuori dalla tasca l'atto di divorzio. «Fuori da casa mia perché il tuo servizio non era all'altezza». Lei risponde: «Come facevi a saperlo prima? Stai tenendo l'atto di divorzio già preparato in mano!». Il talmudista conclude: «così Adamo parlò a Dio». I filosofi tirano fuori idee contorte per cercare di conciliare la predeterminazione (l'onniscienza divina) e la libertà. Qui la stessa idea è resa, credo, in modo più chiaro. Attraverso il divorzio stabilito, Dio dà all'uomo la libertà. Il divorzio è turbolento, poiché apre uno spazio di disordine (possibilità?), ma porta con sé una spesso crudele perfezione controbilanciante (libertà). Attraverso la distanza del divorzio, il legame con il Creatore viene alterato. Non è quello di un cordone ombelicale. Quindi c'è Legge (in generale e più specificatamente, la legge ebrea), e la legge è lettera – ma assolutamente non implica sottomissione metodica o esercizio unilaterale, cieco, della professione. Nel Libro dei Giudici, il levita va a cercare la riconciliazione con la moglie adultera – che non viene punita con la lapidazione, come ordinato – , ma non sembra esserci alcuna contraddizione per lo scrittore del libro (e questo accade molto prima dell'episodio di Gesù e della donna adultera, e in uno dei libri più rigorosi del Vecchio Testamento!). Davide ha di quando in quando proibite scappatelle con donne – tuttavia, a quanto pare, siede in Paradiso a destra del trono. Ma nessuno spazio è lasciato imprecisato a priori. Cosa dà l'occasione? *Kairos*?

Ora, è anche vero che, se la verità eterna di Gesù come Messia, Dio e Figlio di Dio, è alla base della stessa realtà, posso comprendere il disinteresse verso belle ed elaborate idee che non prenderebbero esplicitamente Cristo in considerazione. Il disinteresse non sarebbe mancanza di sensibilità, ma solo il fatto che, piaccia o no, un'idea così non sarebbe davvero realtà! A volte mi vengono queste intuizioni e, se mi ci facessi trasportare, potrei forse avvicinarmi alla cristianità. Ma non seguendo la logica che Paolo ci ha spiegato quella sera a Roma, mentre discutevamo, quando ha detto «ma quali sono le altre possibilità...»! Ci sono tante alternative, alcune così belle, e non implicano affatto quel tipo di bellezza spaventosa che ritroviamo in Nietzsche. Il problema è: com'è la realtà?... Immagino che questo porti alla questione del fatto essenziale dell'incarnazione (Dio si è fatto uomo 20 secoli fa?).

La mia educazione liberale (di cui non mi vanto ma che non rifiuto) è forse tale da far sì che, se anche un giorno dovessi riconoscere l'incarnazione avrei comunque sempre dei dubbi. Avere dubbi, tuttavia, non significa credere meno (e penso che Kierkegaard sarebbe d'accordo su questo punto).

Capisco che quello che ho scritto fino a ora risulti un po' formale. Quel che so per il momento è che sono al posto giusto al momento giusto e che questi studi che sto facendo mi riserveranno qualcosa. Sull'aereo di ritorno da Roma a Parigi, lasciandomi andare ai ricordi, ho pensato che i prossimi due anni, pur caratterizzati da grande indeterminatezza, porteranno qualcosa di buono, e comunque un qualche cambiamento... l'*évènement... evenit.* Nessun automatismo in questo concetto tuttavia. Troppo spesso sprofondo in una specie di violenza che può essere così accecante. Cerco di «resistere» a quelli sui quali proietto le mie cattive intenzioni e finisco per diventare peggio di loro. Ricordo che, durante un viaggio in Germania e Polonia, due settimane fa, ho espresso un giudizio con una persona della compagnia su un altro partecipante al nostro «gruppo di studio». Era come se il fatto stesso di giudicare, invece di infliggere alla persona una sorta di condanna, la rendesse innocente!

Ok, il letto mi attende. Qualsiasi cosa io possa dire, per quanto a volte possa essere infastidito, per quanto ti possa infastidire, ricorda che c'è in me molto amore per te... anzi, tanto amore da non potersi quantificare. *Bon, j'arrete, les gens vont se faire des idées!*

David

Ps: non credo di aver detto che Tolstoj fosse un «vero cristiano». Se considera Gesù il Cristo, allora la sua concezione di messianismo è evidentemente legata più al primo orientamento biblico che al pensiero apostolico. Non credo consideri Gesù Dio. Ma la sua interpretazione è contraddittoria? Nei Vangeli le parole di Gesù a riguardo non sono molto chiare! Continua a riferirsi a se stesso come «il Figlio dell'Uomo»! E l'idea di *homousia* è stata introdotta a Nicea quattro secoli più tardi... e passata solo dopo un durissimo confronto... So che l'idea deriva dal capitolo X di

Giovanni quando Gesù dice «Io e il Padre mio siamo una cosa sola». Nota che non dice «siamo la stessa cosa» (*homousia* significa *stessa sostanza*)! Quel che sembra intendere con «siamo una cosa sola» è, come dice qualche verso dopo (X, 38), «[...] mio Padre è in me come io sono nel Padre». Non è forse questo sottinteso nell'idea stessa di *Padre*? La Madre è ciò in cui siamo prima di essere – gli ebrei in Egitto. Se la nascita è la separazione dalla Madre, l'accesso al linguaggio, che sia portato da un uomo o da una donna, corrisponde a una funzione paterna. Attraverso il linguaggio vengono incorporati la Legge o la Parola. Da qui gli ebrei chiamano Dio *Avinu* – *Padre Nostro* (perché la sua parola è in loro e quindi Dio, come Parola, è in loro). In X, 36 Gesù fa dire agli ebrei che è un bestemmiatore perché «ho affermato di essere il Figlio di Dio». Quindi, di nuovo, affermando di essere uno col Padre, sta dicendo che è il Figlio di Dio (e non che lui e Dio sono *homousia*). È questa la vera ragione per cui gli ebrei lo lapidano? Hanno chiamato Dio *Padre Nostro* per secoli, perché dovrebbero arrabbiarsi perché Gesù si definisce Figlio di Dio? Ma Giovanni in X, 33 cita gli ebrei: «vogliamo lapidarti perché tu, che sei uomo, ti fai Dio» (*Elohim*). Per gli ebrei l'unità è *homousia* e Gesù corregge la loro interpretazione affermando di aver voluto intendere di essere Figlio di Dio. Forse allora la rabbia mai sopita degli ebrei sta nel fatto che, con la sua insistenza, Gesù rivendica un'esclusività che è normalmente condivisa da tutti. Potresti replicare ricordando che, quando gli ebrei si rivolgono al *Padre Nostro*, hanno solo un'immagine di ritorno e sono arrabbiati perché comprendono la rivendicazione di Gesù a essere realmente, e non solo in una raffigurazione, il Figlio. Forse ho ragione, ma ci sono due problemi. La distinzione tra immagine e realtà qui in discussione deriva dai Greci – e non credo che i Farisei riflettessero per concetti derivati dalla filosofia greca. Parlando seriamente, chiamare Dio *Padre Nostro* non può essere né una semplice immagine né una svalutazione di Dio.

Assimilare la lingua, la Parola, è *reale*. Attraverso questa assimilazione, Dio è *davvero* un Padre. La sua essenza divina si ridurrebbe se la paternità fosse *biologica*, ma un *Padre* così è assolutamente irriconducibile a un genitore biologico.

Credo che un'altra ragione per cui la *homousia* sia uno dei pilastri della Chiesa è che spesso Gesù dice: «[...] saprete che *Io sono*». *Io sono* è uno dei nomi di Dio (così vuole che Mosé lo chiami davanti agli ebrei). È difficile dire se Gesù stia dicendo che lui stesso *È* – ossia, che è Dio – , o se invece stia semplicemente dicendo che attraverso i suoi insegnamenti la gente acquisterà una più consistente conoscenza di Dio Padre.

Roma, Maggio 2001

Carissimo David,

ho un mucchio di libri da leggere prima di giugno e cinque o sei lettere che devo assolutamente scrivere entro oggi, quindi sarò breve. Vorrei rispondere e continuare il flusso di argomentazioni della tua ultima lettera, vorrei proseguire nel nostro balletto di parole e metafore ornate che si conclude inevitabilmente con l'amicizia... Ma devo rispettare i tempi.

C'è una cosa che mi ha *davvero* colpito. «La domanda è: è così la realtà...? Dio è diventato uomo 20 secoli fa?». Questa è *la* domanda. Questo è il motivo per cui non sono d'accordo con Tolstoij quando dice che Gesù è non-Dio: il problema è più importante dell'etica. È una questione ontologico-metafisica (per ora evitiamo *questa* distinzione!). Per quanto riguarda il pezzo su Nicea e l'*homousia*, ricorda che San Paolo è piuttosto chiaro quando argomenta questi punti, e soprattutto ricorda che la Cristianità non è una dottrina, o una filosofia, o un'istituzione, o altro. È un fatto. Ciò significa che per quattro secoli milioni di persone si sono convertite solo ascoltando il messaggio di salvezza e speranza pronunciato da testimoni e discepoli. Il connubio tra filosofia e Cristianità è avvenuto molto dopo, e con esso l'esigenza di trovare un linguaggio preciso che potesse spiegare ciò che *realmente accadde*. Il punto centrale, si capisce, non è tanto il linguaggio ma l'evento a cui si riferisce.

Leggi gli Atti degli Apostoli e cerca di immaginarti insieme a questi uomini: cerca di immaginare che cosa avrebbe potuto causare un tale cambiamento radicale delle loro vite. Se Gesù resuscitò dai morti...!

Se vuoi continuare a cercare tra le righe, come scrivi nella tua lettera, perché non provare con Sant'Agostino? Non è una lettura facile, devi leggere molto prima di poter trarre una conclusione e lasciare che il testo parli, invece di entrare subito in polemica con l'interpretazione di qualcun altro, ma la *Trinità* potrebbe far luce su molte cose. Credo sia importante che tu impari di più sul vero messaggio della Chiesa, lasciando da parte quel che è filtrato dalla gente all'esterno. Nemmeno io ti posso essere d'aiuto, dato che le mie spiegazioni sono spesso confuse, o in contrasto con ciò che dice la Chiesa, o più preoccupate a vincere un dibattito piuttosto che a trovare la verità. Vai alla fonte! Penso che resteresti sorpreso da quanta flessibilità (*adequatio*) e «indeterminatezza» puoi trovare in San Tommaso, per menzionare un filosofo noto per la sua intransigenza (secondo il punto di vista, sbagliato, del popolo). Se non lo hai ancora fatto, leggi i capitoli 3 e 4 de *Lo spirito della filosofia medievale* di Gilson.

Bene, basta filosofeggiare. Preferisco raccontarti di come sono rimasto affascinato da San Tommaso, o parlarti delle straordinarie cantate di Bach che sto ascoltando, in particolare la BWV4. O della tesina che ho appena finito di scrivere (sfortunatamente in italiano) sul moto circolare tra desiderio e soddisfazione, fede e ragione, autorità e ragione ne *La vera religione* di Sant'Agostino. Eternità dinamica, soddisfazione maggiore nel bere invece che nell'aver bevuto... Christophe viene tra un mese, gli esami cominciano la prossima settimana e alla fine di giugno sarò in Siberia! Che vita folle!

Bene, amico mio, devo andare e cominciare un'altra lettera. Le fanfare dovranno attendere, ma i balli continuano.

La verità del mio percorso si misura dall'intesa che riesce a instaurare tra me e te.

Saluti, Jonah

Ps: l'affermazione di Paolo sulle altre possibilità si può comprendere solamente dall'interno dell'esperienza dell'amore infinito... non fermarti agli aspetti superficiali.

Germania, luglio 2001

Caro Jonah,

ho il tempo contato su questo computer del campus universitario (si disconnette subito e la mia email va *zum Teufel*, al diavolo!). Spero che stia andando tutto bene in Siberia, ti penso molto. Qui il mio compagno di stanza è fantastico. Viene dalla Slovacchia e il suo migliore amico è un prete irlandese che suona la chitarra in una band! Parlando di coincidenze! Devo fermarmi qui, ma se ti arriva questo messaggio rispondi e, poco alla volta, ti scriverò di più. È stato bellissimo con la tua famiglia a Parigi.

A presto, David

39

Germania, luglio 2001

Jonah,

sono furibondo, pensavo di aver trovato un buon computer e ti avevo appena scritto una lunga email che questo piccolo bastardo ha cancellato! Ti scrivo presto, ti manderò una serie di brevi email. Che gioia vedere la tua famiglia a Parigi. Ho quest'immagine fissa nella testa: noi sette che gironzoliamo piacevolmente nel Jardin des Plantes dopo aver mangiato da Nevenka, dirigendoci verso l'Opera Bastille.

Suite au prochaine email.

Eccomi dove avevo lasciato. Penso che i nostri genitori si siano trovati bene. Non credo però che tua mamma sia riuscita a trascinare la mia in chiesa!

Qui solo lavoro, lavoro e lavoro – almeno per gli ultimi tre giorni –, immerso tra tedesco, ovviamente, Paul Celan e commentari sulla Genesi. Cara Torre di Babele, la mia città preferita (*ur ve migdal* in ebraico). Nella mia email che è stata cancellata ti avevo scritto parecchie cose sul mio compagno di stanza Rado, con cui spero di restare in contatto e diventare amico. Ha 27 anni ed è sposato, con una figlia di 8 mesi...

È cresciuto nella Slovacchia comunista, dove chi andava in chiesa era agli occhi di tutti una persona afflitta da dubbi interiori. Suo padre è luterano e sua madre cattolica. È battezzato luterano ma non ci ha mai dato molto peso (e nemmeno i suoi genitori). Solo all'università ha scoperto la religione. Ha vissuto in Irlanda del Nord per 6 mesi e lì ha conosciuto quel giovane prete cattolico irlandese che ha lasciato un segno in lui. Alla fine si è convertito al cattolicesimo romano e oggi pratica regolarmente (oltre a essere un «seccatore professionale» che canta almeno cinque volte al giorno *Quand je vois Fernande je bande, je bande* di Georges Brassens). Stiamo molto bene insieme.

Sfortunatamente, abbiamo esagerato un po' troppo con gli scherzi negli ultimi due giorni. Sai come vanno queste cose, per paura di sembrare troppo seri, la gente comincia a scherzare insieme e fare battute tutto il tempo. A quel punto ciò che è buffo si trasforma quasi in un'arma e cominci inconsapevolmente a cercare di farla a tutti. *O sancta simplicitas.*

Bene, alla prossima per gli sviluppi. Tengo puntato uno sguardo pieno di affetto e di riguardo in direzione nord-est.

Il tuo amico, David

40

Germania, luglio 2001

Caro Jonah,

questa sarà la mia ultima email dalla Germania. Farò del mio meglio per trovare un computer negli Stati Uniti la prossima settimana. Se rivedi i tedeschi, manda loro un bel *Guten Tag* da parte mia. La Baviera è un posto bizzarro, per la maggior parte cattolico. Puoi percepire tuttavia una violenza sotterranea che si annida sotto la superficiale e sorridente routine tedesca. Mi piacciono le chiese qui. Ho scoperto una piccola cappella nei boschi bavaresi con una fonte sacra al suo interno a cui arrivano di tanto in tanto i pellegrini. Il gocciolio dell'acqua era così piacevole, e per un po' sono riuscito a trovare in quel posto la mia pace (ho acceso una candela per D., la mia vicina di casa che l'anno scorso si è suicidata. A settembre sono andato al suo funerale in Gran Bretagna e sua nonna di novant'anni, che ha dovuto seppellire cinque familiari prossimi, tutti morti suicidi, ha detto proprio alla fine, mentre la cassa scompariva: «Mio Dio, guardate la mia piccola che era così buona». È stata una delle cose più commoventi che io abbia mai sentito, D. era davvero «così buona». Addio, Ophelia, ancora e ancora...).

Mi piacerebbe a volte che tu mi parlassi un po' di più dei momenti difficili che attraversi (i tuoi momenti di depressione – toccano a noi tutti). A volte mi sembra quasi che tu stia facendo pubblicità al tipo di vita che conduci. Forse pensi che, parlandomi dei tuoi momenti bui, sia come ammettere la sconfitta in una gara tra me e te (e come dice don Massimo: «la vita non è teatro, signora»).

Je pense a toi.

A presto, David

Ti scriverò ancora, ma qui i computer sono inaffidabili!

41

Stati Uniti, agosto 2001

Caro Jonah,

che succede? Nessuna notizia da due settimane. Sono a casa in campagna adesso, sto lavorando su Lévinas, leggo ogni giorno la mia grammatica ebraica e suono il pianoforte (le *Partite* per pianoforte di Bach). Ho appena scritto una lettera a un prete italiano, un amico del mio amico M. a Parigi (che non hai ancora incontrato), un «prete di periferia», come si descrive lui stesso, che cerca di passare più tempo possibile in Israele a imparare l'ebraico. Ha una parrocchia da qualche parte in Italia. Tuttavia, non è troppo vicino a Comunione e Liberazione, che giudica una «forza politica spaventosa». Gli ho parlato di ciò che penso riguardo la semplicità tutt'altro che ingenua dei seminaristi. Ma è vero che è anche presente la Cristianità della Spada? Un misto di Paolo e di quel Cavaliere Biondo che c'è in te (ma fortunatamente per me hai anche il trascendentalismo di tuo padre. Dopotutto sono a Walden Pond!).

Fammi sapere come vanno le cose lassù! Julia mi ha mandato una simpatica cartolina. Puoi mandarmi il suo indirizzo, se lo hai?

A presto, David

Non dimenticare di tornare a sud: non andare più su della Siberia!

Stati Uniti, agosto 2001

Caro Jonah,

grazie del tuo messaggio, mi ha confortato.

Non so davvero cosa pensare riguardo la questione di sollevare il grigiore, di parlarne, in compagnia di amici. Sono d'accordo con te che quei momenti non hanno tutti lo stesso significato e che l'amicizia non autorizza a parlare di tutto. Non penso, come una volta, che la franchezza sia la virtù più alta, che svelare tutto alla luce fioca di parole incerte sia la prima cosa a cui dovremmo tendere durante il nostro viaggio quaggiù. In alcuni casi, la brutalità della franchezza può addirittura tramutarsi in peccato. Ma cosa intendi per dubbi? Immagino ti riferisca alla tua vocazione. Una volta, a Roma, stavamo discutendo la questione della fede e il rapporto di essa con il dubbio. Mi dicesti allora che, se tu avessi parlato di dubbi a don Massimo, ti avrebbe probabilmente invitato a lasciare il seminario. Questi erano probabilmente dubbi, anche se più sull'effettiva incarnazione del Cristo che sulla tua personale vocazione (anche se potrebbe esserci un legame tra le due...).

La suite tout de suite (il computer potrebbe interrompere il collegamento)!

Jonah, hai ricevuto il messaggio che ti ho appena inviato, che dovrei ora riprendere e proseguire qui? Ho ricevuto due messaggi opposti dal server: uno che diceva che il messaggio è stato mandato, l'altro che era stato eliminato. Questo computer deve proprio far fronte a così tanti dubbi esistenziali! Continuerò probabilmente a scrivere il messaggio tra uno o due giorni, quando avrò l'opportunità di tornare in questa biblioteca.

Non c'è più tempo! Potrei venire a farti un saluto alla fine di settembre/inizi di ottobre. Sarebbe possibile? Se vengo in Italia, lo farò di sicuro. Sto più o meno pianificando un viaggio per far visita all'amico prete insieme a M., il mio amico parigino che lo conosce bene. È importante per me incontrare quel prete. C'è un feeling tra noi, soprattutto nella nostra corrispondenza, poiché abbiamo lo stesso interesse per il giudaismo. Conosce il mio relatore per la tesi del master con cui sto lavorando – molto vicino a Lévinas. Molti dei suoi amici, preti che ha conosciuto in seminario (molto tempo fa, l'uomo ha ora sessant'anni passati), hanno lasciato il sacerdozio. Lui non lo ha mai fatto però, anche se non si sente molto «in mezzo» al cattolicesimo. Penso che creda nella Chiesa Cattolica, finché questa rimane strettamente legata non solo al Vecchio Testamento, ma allo spirito ebraico della Bibbia... Aaahhh, mi buttano fuori.

Ciao, mon ami...

43

Stati Uniti, agosto 2001

Caro Jonah,

questo sistema di email della biblioteca non funziona affatto bene. Hai ricevuto le mie ultime due email incomplete?

Ho quasi completato il mio master, il Massachussetts è stato sufficientemente produttivo.

Ho dimenticato cosa dicevo l'ultima volta sui dubbi e tutto il resto. La cosa principale è che le promesse di felicità e i momenti di *vita* non pesino meno del grigiore – anche se queste cose non si possono davvero misurare. Ricorda che non sei ancora un prete, che i primi tre anni sono «di prova». E l'onore (irlandese?) non è assolutamente chiamato in causa nella tua decisione di restare o no coi ragazzi. Se i tuoi amici ti vogliono davvero bene, non ti ameranno meno se decidi di lasciare il seminario.

Sarai già tornato in Italia a quest'ora?

Ti ho detto che c'è la possibilità che io venga. Ti farò sapere quando sarò tornato a Parigi.

David

I miei genitori ti mandano i loro saluti. Ah, ti chiedo di nuovo se hai l'indirizzo di Julia, potresti per favore farmelo avere?

Parigi, 25 ottobre 2001

Caro Jonah,

buon compleanno! Ti ho chiamato stamattina, ma potevo parlare solo con la tua segreteria telefonica. Così è più semplice. Ho ricevuto la cassetta che hai preparato per me e non ho dimenticato le cantate di Bach per te (sono «in preparazione»...). Da quando sono tornato, il ritmo è stato frenetico: la discussione per il master è andata molto bene e a scienze politiche sto imparando molte cose nuove che non avrei mai creduto di imparare (legge, economia...). Dovrei cominciare San Paolo la prossima settimana, più l'ebraico e il lavoro che ho trovato come cronista della vita giovanile parigina per una rivista online inglese (80 sterline per 500 parole). Vedremo.

Ti scrivo presto, ti mando la cassetta e dei soldi, caro.

Spero che i ragazzi stiano organizzando una bella festa a base di grappa in onore del mitico Jonah.
Sei nei miei pensieri.

A presto, David

45

Parigi, 13 novembre 2001

Caro Jonah,

pieno pieno pieno di cose da fare! Solo un breve messaggio per farti gli auguri. Keith Jarrett è tagliato purtroppo, ma rimane un bel pezzo (improvvisato). Inizio molto caotico, poi comincia a prendere forma qualcosa... e al 12° minuto siamo quasi di fronte all'ultimo Beethoven.

Poi diventa un po' troppo melensa, e la fine – che non puoi ascoltare – ripete più o meno l'inizio. Il filo del rasoio della verità, il fragile equilibrio tra caos e *schmalz*.

A presto, David

Ps: eccoti 20 dollari per contribuire alla mia permanenza a Roma. Mi dispiace, non posso darti di più, non ho ancora trovato un lavoro part-time fisso...

Ps 2: ho cominciato da due settimane il corso su San Paolo...

Roma, 14 novembre 2001

Caro David,

ho sul tavolo davanti a me il Nuovo Testamento in greco e latino. Sta sotto la mia piccola scultura di un uomo infelice. A sinistra, una pila di volumi: la teoria dell'arte di Tarkovskij *Scolpire il tempo*, *Essere e Tempo* e un articolo di Florenskij che ti manderò. Più lontano, a sinistra, una pila di lettere senza risposta. A destra, appunti/annotazioni con verbi e declinazioni latine, un fazzoletto molto sporco, il *Proslogion* di Sant'Anselmo, il *Parmenide* di Platone, due brevi testi di Ratzinger e una lettera ad Ariel. Indosso la mia giacca da studente di Montréal morto di fame e un piccolo berretto: Christian lo ha lasciato in camera mia dopo la nostra chiacchierata di ieri sera.

E in questo momento ti porto nel cuore! Per settimane ti ho avuto più o meno forte tra i miei pensieri e ora finalmente ti scrivo.

Ho appena cominciato Heidegger, quindi non posso ancora pronunciarmi. Ma dimmi cosa ti è piaciuto/cosa ti piace di lui, cosa ci hai trovato. Così posso leggere con un tema in mente, in aggiunta a quelli piuttosto teorici a cui ho già pensato.

Florenskij invece ce l'ho già nel cuore. Questo articolo è piuttosto tecnico, ma nel contesto (lo trovi in *La colonna e il fondamento della verità*, facilmente reperibile in traduzione francese) si scopre che l'autore è molto sensibile, capace di grande amore e amicizia, di grande amarezza... Se hai tempo, leggi l'inizio di questo libro (non ricordo se è l'introduzione o il primo capitolo…). Ci troverai diversi spunti che mi ricordano le nostre conversazioni e sembrano offrire una soluzione ad alcune delle nostre divergenze riguardo la Verità e le verità.

C'è una Verità, tuttavia, che mi torna sempre in mente quando ti penso. Hai riflettuto su quello di cui abbiano parlato, l'*aut-aut* di Gesù come Dio o come un matto? Ci sono novità? Mia madre è preoccupata per te. La morte è più vicina di questi tempi di quanto sembri[2]. Forse a Parigi ti senti al sicuro e lontano dal pericolo, come io qui a Roma, ma la riflessione *memento mori* vale sempre. Questo ti irrita forse? O ti spinge a pensare alla questione dell'aldilà con nuova urgenza? Ricordo bene quanto ti sei arrabbiato su questo punto. Voglio solo ricordartelo. Fammi sapere cosa pensi di queste questioni sempre delicate e sempre attuali.

A volte ho paura che il mio approccio, spesso piuttosto brutale e aggressivo, ti blocchi perché, anche se non lo ammetti, temi che riconoscere il Cristo significhi violenza, rifiuto dell'ebraismo, una verità monolitica ecc... Quando parliamo con calma di ciascuno di questi punti, capisci che non è così. Ma anche adesso, mentre ti scrivo, riesco a immaginare la tua reazione: ti irrigidisci un po' e il clima di affetto svanisce. C'è una parte dell'articolo di Florenskij in cui si parla della pura negazione che nasce dalla dualità e dell'unità che è possibile solo nella Trinità: mi torna in mente una vecchia analogia che feci in riferimento a Vale-

[2] C'erano stati alcuni attentati terroristici a Parigi nelle settimane precedenti, e alcuni amici di David avevano espresso la loro preoccupazione per lui.

rie, noi due uno a fianco all'altro davanti all'orizzonte, verso un Terzo. Due persone possono essere davvero vicine solo se sono reciprocamente in relazione a un terzo. Altrimenti uno si tiene stretto, afferra l'altro, si aggrappa, ma questi gli sfugge.

Quello che intendo dire è che a volte ho l'impressione di aggrapparmi a Gesù e di spingerlo verso di te, mentre tu ti tieni stretto a Lévinas e ad altri, senza che ci sia nessun punto di intesa di fondo. I bei momenti insieme, invece (come quello al pianoforte...), sono sottintesi nel servizio comune all'altro, alla Bellezza, alla Verità. Voglio presentarti a Gesù perché Egli è la Verità. Voglio leggere Lévinas, Heidegger e gli altri per conoscere la verità che hanno trovato. Ma capisci che, solo se tendiamo insieme a conoscere come stanno realmente le cose, potremo trovare il valore l'uno dell'altro, altrimenti il massimo che possiamo fare è portarci *rispetto*. E questa, infine, è l'ultima delle emozioni umane, perché la maggior parte delle volte sottintende *indifferenza*.

Spero che questo non ti sia del tutto incomprensibile!

Saluti, Jonah

Parigi, dicembre 2001

Email soggetto: Entre les bombes...

Caro Jonah,

grazie mille per le cartoline che mi hai mandato. Mi è piaciuto in particolare l'affresco e sì, forse hai ragione, c'è un po' di somiglianza: la faccia scarna che fissa fuori dal muro, come un riflesso immaginario su una finestra che esiste appena. Tra una settimana sarò in vacanza e ti manderò una lettera vera e propria. Mi dispiace davvero averti fatto aspettare. L'ultima lettera che mi hai spedito era un po' preoccupante, e una lettera così avrebbe dovuto ricevere una risposta immediata. Beh, mi conosci riguardo le risposte rapide! Non so se torni in Oregon per l'estate, comunque, se dovessi partire, dai un abbraccio a tutti e dì loro che li penso. Non c'è molto che io possa fare per aiutare Elise a non essere in pena per me!

Le conferenze settimanali su San Paolo organizzate al centro cattolico di scienze politiche mi piacciono molto, ma non posso dire davvero che la reciproca diffidenza sia scomparsa. Ma apprezzo l'interesse. Saluta tutti e saluti a te in particolare, stammi bene. Hai ragione sul *memento mori*, non devo dimenticarlo: *sed tu, memento ne sis angelus* (almeno che non sia l'*angelus dubiosus* di Paul Klee).

A presto, David

Parigi, 28 dicembre 2001

Caro Jonah,

ti scrivo nel mezzo della notte parigina, è iniziato l'inverno da poco ma si sente il profumo della primavera, gocce di pioggia leggera. Ho sentito la mancanza dei nostri viaggi all'aperto. Sono finiti quei tempi? Per qualche tempo? Mi hai fatto diverse domande: quali siano oggi i miei pensieri sulla cristianità, sulla «vita dopo la morte». Vale quello che ho scritto nelle lettere precedenti, ma cercherò di spiegarlo e riassumerlo in una parola. Creazione: opportunità e significato intrecciati. Una conseguenza di ciò è che «non pronuncerai il nome di Dio invano». *Invano* può significare molte cose, ma il senso più semplice è quello di frequenza – «non pronunciare il nome troppo spesso». Questo non è semplicemente un avvertimento per traduzioni scandalose che riducono IHVH a *Geova* o *Yahweh*. Quel che dice forse è «non pregare eccessivamente», «non concepire il tuo legame con Me come preghiera». O anche «la religione non sta nel modo in cui ci rapportiamo». Tenere il mistero del nome di Dio intatto: non cercare di esprimere ciò che non si può dire (Wittgenstein, in una parola). L'affermazione non è così limitante come sembra – si può dire molto! E ciò che non si può dire non è per questo negato (un film che illustra questo concetto, almeno per quanto mi riguarda, è *Il settimo sigillo*, o *Il posto delle fragole* di Bergman).

Scusa se sono così breve. Mi sorprende che tu mi chieda quale sia la mia posizione! Abbiamo discusso già di queste questioni l'ultima volta e l'anno scorso! Almeno non drammatizzare sul fatto che hai premura di conoscere le mie opinioni riguardo la vita dopo la morte e non fare di questo il crocevia dove le nostre strade si separeranno per sempre. Dai tempo al tempo (era anche il senso delle parole di don Massimo quando mi ha incoraggiato a non convertirmi al cristianesimo – cosa che non avrei comunque fatto!). Direi che ognuno di noi deve vivere o cercare di vivere come se dovesse rispondere delle proprie azioni. A questo proposito, ammiro il pensiero di Sant'Anselmo: direbbe che la stessa concezione astratta del *come se*, poiché la vita sembrerebbe incompleta se non ci fosse, è la prova della Sua esistenza. Lì c'è bellezza, ma anche il timore che, se l'*esistenza* o l'*essere* non fossero al condizionale (*come se*), quest'ultimo svanirebbe. E credo che sia sbagliato – almeno per come la vedo io.

Alla prossima. Non ho molto tempo per fermarmi a pensare. Studiare a volte è interessante, a volte noioso, e riesco appena a restare a galla... Sono stanco mentalmente e fisicamente. Spero ci incontreremo a Pasqua, come avevi suggerito. Mi rendo conto che probabilmente questa lettera non ha risposto alle tue domande e ti lascerà frustrato – posso immaginarmi la tua espressione impaziente, ma «dai tempo al tempo».

A presto, David

Ho visto un bellissimo film, *Una storia vera* di David Lynch. Ti invio una fotocopia della prima lettera che mi ha scritto il mio amico prete italiano.

Parigi, febbraio 2002

Jonah,

ancora non posso farti sapere alcuna data perché non so cosa farò il prossimo semestre! Potrei essere a Parigi, nel qual caso avrò una pausa di dieci giorni dal 13 al 22 aprile. Se per te va bene, potremmo incontrarci in Valle d'Aosta!? Ma se riesco ad andare a Berlino, allora comincerò i corsi solo a metà aprile e sarò in vacanza fino ad allora (anche se potrebbero aver bisogno di me a Parigi per la maggior parte del tempo). Comincerò ad avere un po' di risposte all'inizio di febbraio. Fino ad allora sono sotto esami e nella «caosità». Mi sono preso l'influenza recentemente e mi sono un po' depresso. Troppa vanità nascosta che paradossalmente ti porta soltanto a invidiare gli altri. L'apparenza finisce per definire l'essere ed è una spirale. Va meglio ora, ma il mio corpo ha bisogno di «spessore detto».

A presto, e Jonah stammi bene.

David

Roma, 26 gennaio 2002

David,

ecco che ricominci a usare parole come «caosità». Che vorrebbe dire? Frettoloso? Frenetico? Infernale? E non capisco cosa tu voglia dire con «spessore detto».

Sto ascoltando un'incredibile registrazione della Klavierstucke D946 di Schubert suonata da Schiff... questa è quella che definirei musica incantevole!

Ora le cose pratiche: le tue vacanze in aprile (se non sei a Berlino) non vanno bene per me, io ho una pausa dal 24 marzo al 2 aprile. Se non hai da fare in quel periodo, potrei sempre venire a Parigi o tu da me. Altrimenti, se la metà di aprile è l'unica alternativa che hai, non posso venire. Se vengo a Parigi, mi piacerebbe molto fare un giro in zona, magari con l'autostop, in treno, o altro. Fammi sapere quando hai più dettagli.

Un abbraccio, non vedo l'ora di vederti.

Ciao,
Jonah

51

Parigi, 8 febbraio 2002

Caro Jonah,

tra otto giorni il mio futuro prossimo sarà deciso. Sono stato preso (in extremis) per partecipare al soggiorno di studio franco-tedesco organizzato dal mio istituto di scienze politiche. Questo significa che passerò ben tre semestri a Berlino, uno in primavera e gli altri due nel 2003 e 2004. Anche se studierò materie politico-scientifiche e altre di scienze sociali, il primo interesse che ho ad andare a Berlino è trovare un lavoro, magari nell'Unione Europea. Potrei trovare qualcosa di interessante senza dover passare i tradizionali esami francesi, il che significherebbe evitare di sorbirsi almeno un anno la roba più noiosa di questo mondo. A Berlino avrei molto tempo per me e tempo per concentrarmi sulla vita. È una strada di relativa indeterminazione, quindi sarebbe il proseguimento di ciò che ho vissuto finora.

Ma ora la grande notizia. Avevo fatto domanda con poche speranze per una borsa di studio allo Shalom Hartman Institute di Gerusalemme, una specie di seminario ebreo aperto ai non ebrei molto attivo in discussioni inter-religiose. Molti studiosi cristiani e chierici ci sono passati, qualche musulmano... Ho appena saputo questo fine settimana che ho superato le preselezioni (non c'è pericolo che me la tiri per questo, c'erano probabilmente molti meno candidati quest'anno a causa di ciò che succede laggiù). Il colloquio finale è mercoledì 13 febbraio. Per l'anno prossimo ci sono due borse da

12.000 dollari in palio e ci sono solo tre candidati! C'è quindi una reale possibilità che io sia tra questi! Ti farò sapere la prossima settimana. Se vengo accettato dovrò scrivere una pre-tesi di dottorato in filosofia e studi biblici, contornato da varie personalità religiose e ricercatori iscritti a corsi, esegesi ecc... Da quel momento in poi, condurrei studi accademici nella stessa area di studio e seguirei la strada con occhi aperti, se riesco, sperando che Dio si renda conto della difficoltà. Questo progetto ovviamente spaventa Nevenka (e anche mio padre, ma lui non lo esprime tanto), e sarei un ipocrita se ti dicessi che non spaventa anche me. Però, se mi accettano, credo sarebbe la scelta più giusta. Starò attento (in quel far west orientale) e non gironzolerò troppo per la città, eviterò autobus e punti affollati... Che ne pensi?

Se sarà Gerusalemme finirò la scuola il prossimo semestre. I corsi riprenderanno alla fine di febbraio e sarò ben felice di averti qui a marzo. Sarei molto impegnato, ma per me l'arrivo di una colomba svelerebbe ore sconosciute del giorno (tu sai cosa vuole dire il tuo nome in ebraico, vero?). Se sarà Berlino, mi troverò d'un tratto con due mesi e mezzo di vacanza (nella Beer-land le lezioni iniziano a metà aprile). Anche se dovessi restare per la maggior parte del tempo a Parigi per l'attività extra-curriculare richiesta dalla scuola, avremmo tutto il tempo per noi e potremmo addirittura pianificare un giro in autostop di 7-10 giorni (forse 14?) o un bel viaggio in Valle d'Aosta.

Già, non so cosa significhi «spessore detto». Ma ha di sicuro a che fare con la «caosità».

Giusto per chiarire un paio di punti. La vita dopo la morte: non sto affatto dicendo che non esista. Dire che la vita finisca con la morte o dire che continui è ugualmente conveniente. Questo dal punto di vista della ragione. E l'esperienza della vita porta speranza (e paura) e forse anche bagliori di certezza futura di un tale evento (dico *forse* perché non mi piace usare la parola *certezza*, che ha un significato secondo la visione positivista epistemologica, riferito alla vita secondo la Bibbia). Ma credo sia tutto quello che si possa e si debba dire. Ancora una volta, è la differenza tra i film *Il posto delle fragole* e *Il settimo sigillo* da una parte, e *Sacrificio* di Tarkovskij dall'altra.

Ho letto, forse un mese fa, il testo del teologo russo che mi avevi mandato. Sono d'accordo sul dibattito principale, la vera identità non è A=A, dove A non è A senza le relazioni che legano A a B, a C... Ma non vedo come questo possa necessariamente significare trinità. Un simile dibattito si potrebbe derivare più semplicemente, e meno teologicamente, dal Vecchio Testamento. E non penso che la Bibbia sia il puro e semplice veicolo del Nuovo Testamento, vale a dire che implichi la trinità – ma il Nuovo Testamento in sé la implica forse? Secondo me, il Nuovo Testamento è solo un'interpretazione della Bibbia. Spesso è genuinamente ispirata all'esegesi ebraica. Come Giacomo negli Atti XV, 17, o la maggior parte delle argomentazioni di Paolo per dissociare la Giustizia dalla Legge e rapportarla alla Fede (Rm, I, 17, o III, 9-20). A volte però mi sembra che si perda di vista il problema (vedi la storia pazzesca di Paolo su Sara e Agar, che mi sembra più vicina all'immaginazione islamica di riscrittura della Bibbia piuttosto che un'esegesi accettabile). Devo dire che nutro più rispetto per Paolo adesso di prima, grazie al gruppo di studio cattolico a scienze politiche. Ma penso di Paolo un po' quello che penserei di Lutero se fossi cattolico: un critico preparato sugli effettivi alti e bassi del suo tempo e della sua gente (gli ebrei hanno portato all'estremo il legalismo o l'arroganza, i cattolici hanno diffuso e istituzionalizzato l'uso delle indulgenze), qualcuno che ricerca Dio attraverso la sua anima in modo intelligente, ma che purtroppo sovrastima i peccati del suo popolo e così crea in parte il suo stesso «nemico» (ma Paolo aveva più stima e amore per gli ebrei di quanto ne avesse Lutero per i cattolici, credo). Alla prossima.

A presto, David

Parigi, maggio 2002

Caro Jonah,

volevo mandarti una lettera normale (alla vecchia maniera?), ma le settimane passano veloci e ho pensato che avrei anche potuto darti un segno di vita via elettronica! La mia camera è un casino, continuo a correre da un posto all'altro, tutto un leggere, scrivere saggi, dare esami... lezioni di ebraico dall'altra parte della città, prove di musica, scherma... salto, corsa, bicicletta, una bella crociera in metropolitana... una lettera richiede un adagio, al massimo un andante, no? E Dio non ha ancora introdotto la riforma delle 30 ore giornaliere. Dovremmo scioperare! I miei genitori erano entusiasti del loro viaggio in Italia, avevano tutti e due un gran bell'aspetto, tutti abbronzati. Sono contento che abbiano avuto modo di vedere il seminario. Mi hanno detto che è piaciuto loro molto Michiel, e anche rivedere Isolde e te naturalmente. Ed è piaciuto loro anche il vino! Grazie per il libro. A giugno le cose si calmeranno e avrò tempo di leggerlo.

Ho dovuto scrivere per la mia classe di economia un tema insieme a un matto ancora più pazzo di te. Un cattolico partigiano della monarchia di dritto divino che appartiene a quell'unica chiesa a Parigi che ha rifiutato Vaticano II (Mons. Lefebvre); il tizio (Mons. Lefebvre, non il mio collega) fu inizialmente scomunicato, ma apparentemente la scomunica è stata sospesa di recente...

Penso spesso al nostro viaggio di Pasqua, e con sentimenti contrastanti. Alcune persone mi sembravano molto ambigue. Non mi ispirano fiducia. Fuori sono tutti zuccherosi, ma non ci vuole molto perché la loro *disponibilità* diventi secondo me la caricatura di se stessa. Quei piccoli commenti sarcastici tra un sorriso e l'altro. Mi dispiace parlare in modo così unilaterale, so che è una cosa pretenziosa da fare, ma questo è quello che ho provato. È in questi momenti che apprezzo i liberali, o la gente d'affari per la quale ogni cosa ha il suo nome (contro la metafisica russa che afferma che *questo* è soltanto attraverso *quello*). Condivido il pensiero metafisico, ma solo fino al punto in cui si propone come disciplina totalizzante. Il mondo come insieme di serie, interpretazioni che non sono fatte per mescolarsi in armonia. La presenza dell'uomo non è la punta della piramide la cui origine è trascendente. L'uomo è colui che spezza l'armonia monotona o l'ordine delle cose. La sua presenza introduce discontinuità. Dalla discontinuità scaturisce il regno delle interpretazioni e il rischio di relativismo (che preferisco al totalitarismo, il rischio dell'armonia). Ma la presenza dell'uomo limita anche l'interpretazione: «tu non ucciderai». Perché non uccidere? Perché l'uomo non è mai stata la pura somma delle sue parti. Questo è il senso dell'affermazione «fatto a immagine di Dio». A mio avviso questo è anche il limite della metafisica, oltre la quale forse nient'altro si può aggiungere di pertinente. La descrizione di Cristo in termini di alfa e omega un po' mi spaventa, così come anche la descrizione che hai fatto del bar sull'angolo della avenue des Gobelins con la rue du Fer à moulin (il posto di Mr «trou-du-cul-poil-au-cul») come luogo di eterno dinamismo espansivo: tempi messianici come profusione di spirito in continua crescita, un bicchiere sempre pieno, sempre in espansione. Questo mi fa pensare a un uomo legato su una tavola con una bottiglia in bocca e l'acqua di mare che gli scorre in eterno giù per la gola. Aiuto! Perché non riesci a concepire l'assenza, la *mancanza*, come una condizione positiva dell'uomo: da quel vuoto che ci portiamo dentro sgorga la parola... e lì sta Lui.

Spero che la banda di internet africana ti dia il tempo di leggere questo messaggio! Parlami della visita di Isolde.

Jonah, stammi bene e manda i miei saluti a Luis Miguel, Christian, Michiel, i Paolo, Jacques, ... a don Massimo...

Il tuo amico, David

Roma, 10 maggio 2002

Caro David,

grazie della tua lettera. Volevo scrivere anch'io, ma per un motivo o per l'altro riesco a farlo solo ora. Per essere sincero, non so cosa vorrei scriverti neanche adesso, ma ci proverò comunque.

Ho lasciato Parigi più triste che mai (ci sono stati spesso momenti di tensione nel nostro rapporto, ma il sentimento che ha accompagnato questo viaggio è stato principalmente una tristezza profonda e inespressa come quella che si prova – ovviamente mascherata dallo scherzo – guardando nella metropolitana verso l'altra parte del binario l'amico che si allontanerà nella direzione opposta). Non c'è molto che ci si possa dire in quell'attesa brevissima, ancora troppo vicini perché ci si possa ignorare, ma troppo lontani per essere realmente presenti. Ma non voglio scrivere con uno stile troppo poetico: il fascino della poesia potrebbe offuscare ciò che ho da dire, anche nel modo necessariamente parziale in cui lo dirò.

La mia tristezza deriva soprattutto dalla mia incapacità di comunicarti, anche se in maniera puramente intellettuale, ciò che per me è più importante. C'è un abisso ultimamente, forse spalancato dalle discussioni di secondo piano che ci distraggono e in cui finiamo sempre col cadere. Parliamo di metafisica, e io rifiuto di mettermi a esporre il sistema globale e totalizzante del mio campione preferito, ma finisco spesso per farlo. Parliamo di eternità, e un pensiero che amo ti lascia con un'immagine assurda di un uomo con una bottiglia in bocca – ma ciò è assolutamente irrilevante e non deve mettere in secondo piano il punto del discorso!

Cos'è importante allora? Ho parlato nel bar di metafisica soprattutto per continuare il nostro discorso sull'opportunità e la necessità, sul significato possibile, ecc... Ho detto che il fatto stesso che qualcosa esista significa che Dio la desidera, la vuole. Ciò significa che anche il male più grande deve avere una «via d'uscita», una possibile risoluzione nel bene. Questa non è l'emanazione di Plotino, perché la creazione non è un prolungamento necessario dell'essere di Dio. Egli ha totale libertà di creare e dunque Egli crea perché così vuole. Ci sarebbe molto da dire su questi punti, ma ho voluto ripetere la parte davvero importante della nostra discussione, non l'immagine dell'eternità, che può aiutare o no! E questo non è neppure il punto, perché la metafisica non ci costringerà mai alla vera fede. C'è troppa sottigliezza, che credo sia il modo di Dio di proteggere la nostra libertà.

Il punto su cui continuo a tornare è quello che ho ribadito dopo la liturgia di Pasqua in risposta alla tua domanda «allora è quello in cui credi?». Sì: Cristo è morto, è risorto e tornerà. Questo punto tuttavia non è semplicemente una delle mie affermazioni contro le tue o quelle di qualcun altro. È in primo luogo una questione storica, un problema oggettivo che deve essere affrontato senza i pregiudizi dei recenti commentatori di entrambe le fazioni. Il testo non lascia spazio alle ambiguità in nessuna versione: un uomo fu ucciso dai romani e tre giorni dopo apparve prima ad alcune donne e in seguito ai suoi amici. È accaduto l'impossibile. Nonostante la persecuzione accanita dai capi ebrei dapprima e dai governatori romani locali in seguito, gli apostoli e i loro seguaci hanno continuato a diffondere la notizia che un uomo era risorto dalla morte. Anche Saul, uno dei più odiati tra i persecutori ebrei, fu convertito in modo strano e poi accettato con grande esitazione nella nuova chiesa. Per trecento anni migliaia di questi cristiani furono martirizzati dai romani in crescente apprensione di fronte al sempre più alto numero di seguaci.

Tutto questo è puro fatto.

Mentre stava morendo, Cristo disse: «Padre perdonali perché non sanno cosa fanno». Gli stessi martiri hanno ripetuto questa incredibile frase infinite volte perdonando i loro assassini in punto di morte. E qui arriviamo finalmente al motivo, in parte, della mia tristezza: ci perdiamo in questioni marginali (anche se certamente non irrilevanti) e la vera questione finisce col sembrare violenta. So bene quello che provi davanti alla mia insistenza, «io ho ragione e tu no», una certa rigidità, incapacità di apprezzare la bellezza nella tua vita, dogmatismo, e così via. Ma questa è una mia mancanza: quello che cerco di comunicarti è che Cristo è anche nella tua vita, nella tua incertezza, nei tuoi momenti vertiginosi *entre deux abimes*, nel tuo conflitto di interpretazioni – ma accrescendo la vertigine, accrescendo il mistero e rifiutando in maniera assoluta l'idolatria, accrescendo la bellezza di tutto, anche del male incomprensibile, accrescendo al tempo stesso la trascendenza e l'immanenza di Dio in un modo che permette una lettura più profonda del Vecchio Testamento, che esalta il dramma dell'esistenza pur mantenendolo nelle sue proporzioni, né assoluto né irrilevante. Sono convinto che di tutte le religioni quella cristiana sia la più bella, la più interessante, la più gloriosa, e la più vera. Poiché tu sei il mio caro amico, vorrei condividere questa bellezza con te.

Come scoprirai leggendo il libro sulla relazione tra le scritture ebraiche e la Bibbia, la Chiesa non svaluta gli ebrei. Anche se sono incline alla severità, anch'io sto imparando ad amare veramente i miei avi. La questione di Israele resta problematica, ma alcune mie conversazioni con un seminarista (Ponzo, se ricordi è il più basso di tutti...), che è assolutamente pro Israele, mi hanno convinto che la loro presenza oggi come Stato è giustificata e che la causa palestinese è stata esageratamente montata.

E così via, e così via. Si potrebbe parlare all'infinito di queste cose.

Qui la vita riserva sempre sorprese, e alti e bassi. Di recente la cosa più bella che mi è successa è stata cambiare nettamente il mio modo di insegnare le canzoni agli altri seminaristi. Sto imparando a non arrabbiarmi della loro generale indifferenza e a usare il mio amore per la musica per portarli ad apprezzare di più la musica e il canto di qualità. C'è una differenza importante che sto lentamente scoprendo tra ciò che si dice quando si è arrabbiati o delusi, e le stesse parole pronunciate per amore travagliato. Credo che questo sia uno dei punti principali della vera paternità, la capacità di correggere con garbo.

Anche gli studi vanno abbastanza bene: gli esami cominciano tra due settimane (l'ultimo il 24 giugno) e sto finendo la mia tesina. Il 27 parto per gli Stati Uniti... Sai già quando parti?

A presto, Jonah

54

Parigi, maggio 2002

Caro Jonah,

come stai? Ti è arrivata la mia email di tre settimane fa? Sto ancora correndo qui in campo accademico. I miei corsi sono piuttosto interessanti, mi piace addirittura quello di macroeconomia! Il libro con gli artisti matti è quasi finito e non è poi tutta questa gran cosa, come immaginavo. Ma è stato un buon esercizio di scrittura per me e alla fine non ha portato affatto a «pisciare dappertutto» come aveva proposto il più pazzo del gruppo... (del resto, il tempo speso in classe era piuttosto piacevole, essendo l'unico maschio in un'intera classe di affascinanti dulcinea...).

Ti sto mandando due interessanti articoli sulla questione di Betlemme. Non so cosa pensi dell'intera cosa. Comunque, se hai tempo, è una lettura veloce.

Fammi sapere quando parti per il Massachusetts. Se non hai tempo per rispondermi, almeno mandami un messaggio veloce per farmi sapere se ricevi le mie email.

A presto, David

Ecco un bel verso: «Tu hai contato il mio vagare/Metti le mie lacrime nel tuo vaso, non sono anche loro nel Tuo libro?»: Sal 56, 9.

In ebraico le parole *vagare* e *vaso* sono praticamente uguali. E il verbo *contare* ha la stessa radice di *libro*. Un verso ben ricamato...

55

Roma, 29 maggio 2002

Caro David,

ho ricevuto la tua email di qualche settimana fa e ho risposto. Strano che tu non abbia ricevuto il mio messaggio, era anche piuttosto lungo e dettagliato, non ne ho tenuto una copia! Beh, mi ha lasciato a tal punto insoddisfatto che, prima di controllare la mia posta stasera (ora abbiamo internet a casa, con nuovi indirizzi per tutti, prendi nota!), ho persino scritto una sorta di proseguimento-conclusione.

Eccolo qui, anche se un po' meno comprensibile dato che manca la lettera precedente. In pratica, ho scritto che il mio viaggio a Parigi mi ha lasciato con un senso di vuoto e mi è sembrato che l'incomprensione tra noi stia crescendo. La parola che non riuscivo a ricordare verso la fine era *assenza* (non vaghezza, come ho scritto qui). È strano mandare questo adesso, ma voglio che tu lo legga.

La visita di Isolde è stata fantastica (ti avevo anche scritto di questo...): ha colmato sei anni di assenza con due settimane di presenza. Abbiamo parlato senza sosta di tutto, in particolare della Chiesa e della mia decisione di entrare in seminario, del suo futuro, dei suoi sogni ed epifanie dopo il college... Ha finalmente capito molte cose di me e ho finalmente apprezzato molte cose di lei. Ecco di seguito la lettera...

Jonah

29 maggio 2002

Caro David,

la mia ultima lettera non mi ha lasciato molto tranquillo, quindi credo che sia stata parziale. Ho l'impressione di aver in qualche modo scritto contro di te, di aver messo su quel muro che a volte ci separa invece di scavalcarlo. Tuttavia (senza leggere ciò che ho scritto) non credo ci fosse nulla di cui scusarmi. Continuo ad affermare le stesse cose che ho scritto circa una settimana fa. Allora cosa? Perché immagino i tuoi continui rimproveri, perché nella mia testa la tua faccia è rannuvolata da tensioni e dall'incomprensione?

Tu mi accompagni ovunque: ti penso tutte le volte che sento una notizia su Gerusalemme, quando sento menzionare Lévinas, quando sento parlare della *Trenodia* di Penderecki (l'altra sera guardando *Amelie* le strade di Parigi parlavano di te). Quando parliamo a tavola del testo Masoretico e i Settanta sulle differenze nei passaggi chiave di Isaia, sulla *hebraica veritas* di San Gerolamo, sull'incredibile campagna diffamante contro Pio XII, sulla persecuzione dei cristiani nell'ultimo secolo, sull'Islam, ti penso. Nietzsche, che qui tutti odiano, mi dice qualcosa solo perché sento nelle sue parole eco di te. Le nostre discussioni nutrono spesso la mia curiosità e ricerco dettagli che nessuno mi fa studiare per chiarire la discussione tra noi che io mi figuro in testa. Altre volte resto aperto a cose che eviterei per mia natura solo perché una volta ne hai detto bene. Altre volte faccio elogi a cose che un tempo avrei detestato, perché me ne hai mostrato la bellezza. La nostra amicizia è ricca di colori, climax, tensione e contraddizione, vicinanza e distanza.

Questa non è la prima volta che la mia religione è stata motivo di disaccordo tra noi, ma il problema adesso è più radicale perché la mia posizione prima non era così solida, così totale. È da poco più di due anni che sono in seminario, ma solo ora sto cominciando seriamente a scoprire il senso della mia vita. Vivo per annunciare Cristo, per vivere Cristo, per amare Cristo. Riesci a capire cosa significhi questo? Credo di averti già scritto che non credo tu possa capire, e immagino sia perché io ho vissuto due anni in un posto fortemente cattolico e solo ora questa frase comincia ad acquistare un significato. Il mio percorso è iniziato dal desiderio di vivere una vita intensa e dal desiderio di amare davvero. Molti problemi che avevo dentro si sono chiariti e in parte risolti durante il mio cammino. Ma, come sto scoprendo, sono in un seminario per missionari per diventare missionario, e non solo per curare il mio spirito malato. Le apparenti ragioni che avevo inizialmente non sono necessariamente le motivazioni reali, e in ogni caso vengono a essere inglobate in quelle reali.

In parte il problema è che questa dichiarazione riguarda necessariamente anche te: non mi è possibile tenere separate una stretta amicizia e la fede. Questo è forse fare violenza? Non credo. Quello che non mi è chiaro, tuttavia, è come si possa mettere in pratica tra noi. Sembrano mancarci le basi per quel tipo di discussione razionale che ci condurrebbe da posizioni differenti verso un accordo sulla verità – non ho mai smesso di ripeterti che credo che la verità sia unica, che Cristo sia stato o meno Dio, e se Lo era, Egli è morto per tutti e due. Ma tu parli del valore della negatività (o dell'indeterminazione, non ricordo...), e non so cosa risponderti. Forse sono ingenuo, ma deve esserci spazio per una vera discussione che abbia il potere di cambiare le nostre opinioni e approfondire la nostra conoscenza. Spesso vedo che parliamo intorno al problema o senza andare in fondo alla questione, non proprio superficialmente, ma neppure in modo definitivo. Che ne pensi? Sei d'accordo? A volte ti ho chiesto di dirmi «quello che ti passa per la testa», un po' con la speranza di trovare una specie di professione di fede da condividere o meno, ma soprattutto di cui discutere in maniera costruttiva. Per questa ragione spero che leggerai il testo che ti ho dato (sulla Bibbia e le scritture ebraiche): anche se non racchiude l'insieme della mia visione di fede, si trovano qui esposti chiaramente molti dei punti fondamentali su cui abbiamo discusso di recente, da accettare o rifiutare con motivazioni. Posso così smettere di discutere per sentito dire e seguendo ragionamenti raccolti frettolosamente. E tu puoi capire cosa accetto quando dico «credo nella Chiesa Cattolica...» e accettare o rifiutare questo tu stesso, motivando la tua scelta.

Forse più vado avanti a scrivere e meno sono chiaro. Mi vengono in mente molte cose che butto giù e poi cancello, non così importanti da servire adesso. Penso che il punto principale sia questo: credo che la verità e l'amore siano una cosa sola e che nella nostra relazione, se uno dei due dovesse venir meno, l'altro appassirebbe. Non posso mettere la mia fede da una parte quando ti parlo. Forse non c'è bisogno che ne parli sempre in modo esplicito, ma conosci il mio carattere irlandese battagliero e non mi viene facile trovare un altro modo per annunciare il fatto principale di tutti i tempi. Sarebbe più facile se non fossimo così grandi amici. Allora forse potrei parlare solo di musica e di politica (ma anche allora la mia natura religiosa sarebbe il fattore principale di tutto il mio modo di vedere!). Ma non siamo semplici conoscenti. Come ho detto, ti porto con me come nessun altro. Non posso nemmeno cercare di dimenticarti, perché sei dietro ogni foglia d'acero, tra le pagine di ogni libro – «ah, a David piacerebbe!», o «se solo David capisse!». Beh, fermiamoci qui. Sono un po' più cosciente adesso della ferita del mio cuore, e forse lo sei anche tu. Prenditi cura di te, mi raccomando, un bacio a tua madre da parte mia e scrivi presto.

Jonah

57

Parigi, 30 maggio 2002

Caro Jonah,

prometto di leggere il libro che mi hai mandato tra il 20 e il 25 giugno. Poi sarò in grado di rispondere per bene ai tuoi commenti, facendoti sapere, come dici tu, se mi trovo d'accordo o meno. Ti manderò una lettera. Vorrei scriverti di più per proseguire quello che ti ho scritto in precedenza, ma per adesso tengo la bocca chiusa!

Stammi bene, David

Roma, 31 maggio 2002

Caro David,

solo una parola... Non ho ancora letto gli articoli che mi hai mandato – ho milioni di cose da leggere e non potrei aggiungerne altre! Lunedì ho il mio terzo esame, poi un altro martedì.

Seguirà una breve pausa e un salto in Liguria per una specie di ritrovo giovanile... Probabilmente suonerò un po' di chitarra e di violino (anche se non insieme). Poi tornerò per due settimane di full immersion in San Tommaso per scrivere un saggio sulla *Libertà divina, libertà umana* e per prepararmi per l'esame di etica del 24. Ti terrò informato.

Il tuo amico, Jonah

Parigi, 26 giugno 2002

Caro Jonah,

spero tu stia bene. A quale indirizzo posso spedirti ora le mie lettere (sto leggendo il libro interessantissimo che mi hai mandato)? Ho sentito che Pietro è ancora in Turchia con il suo superiore, quindi non so se ha ancora ricevuto la tua lettera...

A bientôt, David

Stati Uniti, 1 luglio 2002

Caro David,

sono appena arrivato qui a Attleboro, fuori Boston, dopo una riunione di famiglia davvero surreale (la maggior parte della gente che c'era discendeva dal secondo marito delle mia bis-bisnonna... trovaci tu il filo di parentela che ci unisce!). Ora sono pronto per cominciare la mia estate coi preti. Puoi spedirmi le tue lettere a questo indirizzo: 123 Main St., Attleboro, Mass. Non sono sicuro del codice postale. Te lo manderò più in là. O puoi scrivermi email, in questo paese tecnologico è sicuramente più semplice. Quando parti per Gerusalemme? Non mi hai detto quali sono i tuoi piani definitivi. I tuoi genitori sono già qui in Massachusetts o sono ancora a Parigi? Non so se avrò tempo di vederli, perché qui c'è molto da fare e non starò molto in Massachusetts, spostiamo alcuni preti a Washington, poi iniziano le vacanze per i bambini a NY, a Toronto si festeggia la giornata della gioventù, e poi c'è il viaggio a Montréal (non so quando mi capiterà di nuovo di essere così vicino, quindi ci vado!).

A presto, Jonah

Parigi, 5 luglio 2002

Caro Jonah,

hai il codice postale da mandarmi? Quando sarò a Gerusalemme comunicheremo via email – quindi, dal 15 luglio. Ma per adesso ti mando la lettera[3].

A presto, David

[3] Lettera persa nella posta.

Stati Uniti, 9 luglio 2002

Caro David,

ecco finalmente il codice postale: 02000.

Sono appena tornato da Washington DC dove ho aiutato altri due preti a traslocare da Boston, quindi non ti ho potuto rispondere prima. Ci siamo divertiti a comprare la mobilia per l'intera casa – i ragazzi avevano ottanta scatole di libri di teologia e filosofia, ma nessun piatto o argenteria, per non parlare di letti o divani. Per un solo pomeriggio sono riuscito ad andare in centro a vedere i monumenti e parte della National Gallery. Questo pomeriggio siamo arrivati e abbiamo finito con gli ultimi ritocchi alla nuova cappella della chiesa, che abbiamo aperto stasera in occasione dell'Adorazione Perpetua dell'Eucarestia. È stato un momento semplice e bellissimo: sei persone nella cappella, una cerimonia essenziale e un solo canto gregoriano (*Pange, lingua*), uno tra i miei preferiti. Poi una nuotata nella piscina di un vicino e ora un po' di posta elettronica...

A presto, Jonah

Stati Uniti, 20 luglio 2002

Caro David,

a quest'ora devi esserti sistemato a Gerusalemme, forse stai cercando di adattarti alla temperatura e alla nuova città, alla paura e alla scuola. Hai già cominciato a studiare? Se ricordo bene, i primi mesi ti saresti concentrato sull'ebraico e poi avresti cominciato questo programma misterioso che non ho capito bene... Puoi farmi sapere più precisamente di che si tratta?

La tua lettera non mi è ancora arrivata, ma tengo gli occhi aperti. Tra pochi giorni parto per Toronto e poi Montréal, quindi non avrò modo per un po' di controllare le email.

La vita qui continua senza molte sorprese, ma con un'amicizia con gli altri preti che si rinforza di giorno in giorno. Due in particolare sono eccezionali: uno è irlandese e l'altro viene dalla California, quasi come le due facce di me stesso. Parliamo spesso di grandi e piccole cose, ci beviamo una birra insieme nelle umide sere del Massachusetts, lavoriamo spesso insieme.

Sto ampliando pian piano la sacrestia della chiesa per raccoglierci gli abiti e altre cose, e il lavoro manuale mescolato alle nostre conversazioni e alla vita di preghiera è meraviglioso. C'è qualcosa di profondamente virile nel lavorare e sudare, imprecare e tagliare il legno, che cercavo di sperimentare in seminario costruendo violini. Questo è un buon equilibrio.

Mi mancano però gli eccessi della scorsa estate – con Paolo era impossibile dire che «la vita continua senza molte sorprese». Immagino che questo periodo di riposo lavorando (per me lavorare fisicamente è riposante) sia importante in mezzo a tutte le mie crisi e scoperte euforiche. Vorrei avere quella tenerezza inebriante della misericordia, vorrei essere totalmente privo del compiacimento, vorrei vedere più spesso e più chiaramente la luce cristallina della Verità, dell'Amore e della Bellezza. Ma adesso, mentre scrivo, sto pensando che questo tempo di mezzo non sia affatto un intervallo, ma è l'essenza stessa di cui è fatta la vita vera, l'aspetto del reale che devo imparare a gustare di più. Questi sono i pensieri del tuo amico in questa sera d'estate. Ti lascio per ora con un abbraccio, con la speranza di leggere presto la tua lettera, e una preghiera per la tua incolumità.

Jonah

Gerusalemme, 22 luglio 2002

Caro Jonah,

spero che la mia lettera ti arrivi prima che tu parta, te l'ho mandato da Israele. Sembra che io sia qui da una vita! Vivo in uno splendido appartamento, con un balcone che dà su una serie di giardini. Qui faccio colazione e sorseggio la mia tazza di tè prima di andare a dormire. Non ho ancora accesso regolare a internet, ma dovrei averlo nei prossimi giorni. Ti manderò più notizie non appena avrò il mio account personale e accesso al computer all'Hartman Center.

Qui le cose sono pazzesche! Negli ultimi giorni c'è stata una serie curiosa di coincidenze.

Saluti e *be eizrat hashem* (con l'aiuto di Dio), continua a fare il bene che fai, ovunque tu sia...

David

65

Lettera incompleta datata 19 luglio 2002,
trovata tra gli effetti personali di David

Caro Jonah,

eccomi qui, sono già trascorsi quattro giorni. Devo continuare a ricordarmi che sono a Gerusalemme. Giorni di caldo secco, notti di dolci profumi – e sirene delle ambulanze – scorrono via ed è come essere in un sogno.

Vivo in un delizioso e tranquillo quartiere non lontano dalla città vecchia (*ha'ir ha'alika*) e ad appena qualche minuto dal centro (dove è meglio non soffermarsi troppo a lungo). Quando ero a Parigi ho studiato delle mappe della città, ho letto un po' della sua storia, ho cominciato a imparare la lingua che riecheggia in continuazione per le strade – a poco a poco, tutto questo sta confluendo nell'immagine concreta di Gerusalemme.

Ieri era la *tsh'a be'av*, il nono Av (un mese nel calendario lunare degli ebrei), un giorno di dolore per commemorare le due distruzioni del Tempio. Gli ebrei digiunano e non indossano scarpe di cuoio (che rappresentano un certo grado di ricchezza). Sono stato invitato da alcuni amici del mio relatore di tesi di Parigi a unirmi a loro in un parco che ha una passeggiata che dà sulle mura della vecchia città. Tramonto a Gerusalemme: un mare di costruzioni in pietra bianca sotto il cielo rosso, in cima, più lontano, le mura della città antica, sotto, davanti, il Deserto di Giudea.

L'architettura è come il linguaggio della Bibbia: questo è qui, quello è là, e il nesso è appena abbozzato. L'opposto del latino classico!

Sul prato la gente pregava pacificamente, cantando piano. Poi è seguita la lettura del Libro delle Lamentazioni e di Geremia 8,13-9,24. Le severe parole bibliche erano in bizzarro conflitto con l'atmosfera serena. «Speravamo nella pace e non ne è venuto niente di buono, così come speravamo in un periodo di prosperità e abbiamo visto terrore! Si sente il soffiare dei cavalli che vengono da Dan: tutta la terra è scossa al suono del nitrire dei suoi cavalli più forti. Sono arrivati e hanno divorato la terra e tutto ciò che c'era dentro, la città e chi ci abitava».

Gli elicotteri che giravano sulla città ricordavano quella che qui la gente chiama «la situazione» (*ha matzav*). D'un tratto ho paura... Quell'uomo che si avvicina laggiù...

Stati Uniti, 14 agosto 2002

Carissimi amici,

arrivo giusto adesso (dieci minuti fa) dal lungo viaggio di rientro a Boston da Parigi. Ero passato via Montréal, perché avevo preso l'aereo da lì. In seguito ho preso l'autobus e poi il treno per arrivare qui, stanco ma contento di trovarmi con i miei fratelli preti. Prima di scrivere qualche cosa sulla settimana, vi ringrazio con tutto il mio cuore, uno per uno, per la vicinanza nella preghiera e nelle lettere. Non sapete forse quale conforto e sostegno è stato, ma vi assicuro che senza sapere molto chiaramente che non ero solo, non avrei potuto reggere un dolore così grande.

Prima di partire, sono rimasto due giorni a Montréal in attesa del mio volo. Il giorno che ho ricevuto la notizia della morte del mio migliore amico, ho passato tutta la giornata con John Zucchi e la sua famiglia e Nicola Ruisi, un prete della Fraternità a Montréal. Abbiamo parlato di lui, delle circostanze particolari della nostra amicizia, delle poche volte che è tornato in quella città ma che hanno lasciato un ricordo molto vivo in tutti. Poi siamo andati al santuario di San Giuseppe per dire un rosario insieme. Che dolore e pace insieme, quella preghiera dei misteri gioiosi per l'anima di un morto! Che dolore e pace, pregare con altri cristiani, tutti in lacrime per l'anima di un amico.

Ho anche chiamato don Massimo quel giorno, che mi ha detto «allora non c'è più un muro tra di voi». Questa frase riassume la mia prima reazione: adesso lui sa la verità. Insieme a questa certezza c'era il dubbio inquietante per lo stato della sua anima, non essendo cristiano, ma la sua ricerca di Dio era talmente pura che difficilmente posso credere che avrebbe rifiutato Dio una volta che si fosse trovato davanti a Lui. Ovviamente questa tensione rimane – non posso sapere –, ma allo stesso tempo la mia pace mi dice che il mio amore non è andato a scomparire nel nulla. Mi ha molto impressionato non aver trovato in me né ribellione né odio né violenza: solo dolore che purifica. Credevo fin dal primo istante nella positività di ogni cosa, anche di questa cosa che non posso minimamente capire, la morte quasi assurda causata dal fanatismo musulmano. Ma non è assurda infine, di questo sono così certo che non ho dubitato neanche un istante. La vita non è tragica.

La situazione che ho trovato a Parigi era molto difficile. Ho passato molto tempo a tenere la mano della sua mamma, cercando di portare un po' di quell'abisso di dolore. Ho anche suonato molta musica – mi hanno chiesto continuamente di suonare il violino di David (che un amico di Gerusalemme aveva riportato con il corpo) e la sua chitarra. Avevamo alcuni canti che suonavamo sempre, e quando li suonavo, piangevano ancora di più ma con lacrime più pure, per così dire. Era un po' meno disperato; allora ho suonato molto.

Qual è allora la risposta alla madre che perde suo figlio? Avrei tanto voluto leggere Donna non piangere (Luigi Giussani, in *Tracce*, maggio 2002) – avrei voluto spiegare, trasmettere la mia certezza e pace. E in qualche modo ho fatto qualcosa, il mio meglio certamente, ma quanto poco è stato ed è!

Ho pensato che Dio mi stesse facendo partecipare al purgatorio del mio amico, e che mi avesse anche fatto sentire un po' del Suo dolore, Lui che ha salvato tutti, ma che sempre vede noi che lo rifiutiamo, rifiutiamo, rifiutiamo, dimentichiamo... Una cosa infinitamente tenera, infinitamente sofferente, scrive Eliot.

La più grande scoperta della settimana è stata la verginità: voglio il bene di David, ma questo non coincide con la mia idea (quanto avrei voluto accoglierlo nella Chiesa!!).

Allora accetto che la volontà di Dio sia per il suo bene, anche quando tutto ciò appare mostruoso. David muore tragicamente – ma credo che tutte le cose infine saranno positive e quindi anche questa. Volere il bene di David vuol dire adesso volere la volontà di Dio e accettarla qualsiasi essa sia. Così capisco la frase di don Massimo: non c'è muro perche lui vede Dio. Siamo uniti nella misura in cui guardiamo Cristo. Così anche con l'amore: quel tanto di vero amore che c'era tra di noi rimane ancora, perché Dio è amore ed è eterno.

Adesso mi fermo perché sono propenso a discorsoni. Il fatto è che solo con la speranza della risurrezione possiamo affrontare la morte senza stoicismo o disperazione o oblio. È stata una settimana di purgatorio: veramente non avrei potuto sostenere la settimana senza la presenza sentita di voi, amici miei.

Non mi piace scrivere lettere come questa, che viene mandata a tutti e quindi a nessuno, ma penso che in questo caso possa andare bene semplicemente perché voglio dire tutto questo a tutti voi, uno per uno. Se riesco, scriverò più personalmente presto.

Vi abbraccio carissimamente.

Jonah

Preghiera di don Massimo

Pour David, sa prière obtienne du Ciel la paix à Jérusalem et dans la terre du peuple elu; pour ses parents et amis afin que soient surs de la resurrection et experimentent la consolation du Seigneur.
Per David, che la sua preghiera ottenga dal Cielo la pace a Gerusalemme e nella terra del popolo eletto; per i suoi genitori e amici, affinché siano certi della risurrezione e sperimentino la consolazione del Signore.

Postfazione

Ci sono persone che ci accompagnano tutta la vita, amici che hanno la consistenza di certi alberi, che non si piegano a nessuna avversità; altre invece ci passano accanto per momenti, brevi stagioni, come lampi nella notte, il cui fulgore rimane però a illuminare tutto il resto dei nostri giorni.

David Gritz è appartenuto per me a questa seconda categoria di persone. È un ragazzo che ho incontrato tre o quattro volte, ma la cui intensità di sguardo e di cuore non mi lasceranno più. E vivo nell'attesa di incontrarlo di nuovo con tutte le persone più care.

Nell'estate 2000 tornavo in Italia dalla Normandia. In auto fino a Parigi e da Parigi a Milano in aereo. Una tappa nella capitale francese, dunque. A Parigi trovo Jonah. È lì col suo amico David. Andiamo a cena in una brasserie e dormiamo da David (i suoi genitori sono via). Subito mi impressiona la purità del suo animo che è tutto ricerca. Ricerca di un volto, che è assieme il suo volto e il volto di Dio.

Il mistero di Israele ha sempre occupato il mio animo da quando ho letto san Paolo, da quando ho cominciato ad aver amici ebrei a Roma. Israele è parte di me e Abramo è mio padre. Ma certo, la divisione che è nata intorno a Gesù rimane come una spada nel nostro animo e diventa supplica perché gli occhi di tutti si aprano.

Non ho mai smesso di interrogarmi su Israele e sul suo destino contemporaneo (intendo Israele come popolo di Dio). La sua vocazione, i suoi tradimenti, la fedeltà di un resto, l'Olocausto... tutto mi spinge a rileggere la Scrittura, a meditare, a studiare, a pregare. In David trovavo un alleato. In lui il dramma non era teorico, ma vivo, esistenziale. In lui, come ho scritto sopra, la ricerca di Dio coincideva assolutamente con la ricerca di se stesso. E non voglio pensare che sia casuale la sua morte, così tragica, avvenuta proprio a Gerusalemme. Piuttosto un richiamo gigantesco a tutti noi, alla verità della nostra fede e della nostra esistenza.

Fra me e lui era rimasto un interrogativo: come restare uniti, anche se lontani? Mi era venuta un'idea: preghiamo assieme con i salmi. Non c'è strada più facile. Una strada comandata sia a noi cristiani che agli ebrei. Per cercare assieme abbiamo cominciato a pregare assieme.

Durante l'anno scolastico 2000-2001 ho ospitato David nel mio seminario. È la mia casa e volevo che conoscesse i miei amici. Abbiamo approfondito proprio la lettura dei salmi. Così alla fine di settembre 2001 mi è arrivata una sua lettera.

Caro don Massimo,

la ringrazio di avermi concesso di passare qualche giorno in seminario. Le sono riconoscente in modo particolare per i consigli che mi ha dato in quei giorni. Le ho parlato delle divisioni che ci sono in me tra la via del giudaismo e la via del cristianesimo, vie che per me, nella vita quotidiana, non sono affatto parallele. Si incrociano e si allontanano nello stesso tempo. Lei mi ha consigliato la recita quotidiana dei salmi. Da quando ho cominciato a pregare con i salmi c'è grande calma in me, ogni giorno. Spesso però questa calma sembra mancare e io cado in una moltitudine di violenze infime, quasi impercettibili. Ma i salmi mi danno una più grande, o meno piccola, chiarezza di spirito per accorgermene.

Grazie. Vi auguro *shalom*.

David

Un anno dopo ho scritto così ai genitori di David:

Carissimi mamma e papà di David,

da quando Jonah mi ha telefonato dall'America per annunciarmi la terribile notizia della morte di David ho desiderato scrivervi, parlarvi.

Ma cosa possono le mie povere parole di fronte a un dramma così grande, una perdita che per un papà e una mamma è come una ferita che non si rimarginerà più? Perché Dio prova così duramente i suoi figli? Non ci ama dunque più?

Non ho saputo trattenere in me queste domande. E da quel giorno cerco una risposta.

Innanzitutto andando con il ricordo ai brevi ma importanti momenti passati con David. Sono rimasto subito colpito dalla purezza del suo cuore, dalla grande ricerca che animava le sue giornate. Il suo viaggio a Gerusalemme ne è una testimonianza. Abbiamo parlato di ebraismo e di cristianesimo e abbiamo trovato nei salmi il luogo del nostro incontro quotidiano. Ho amato e amo David. Perché Dio ha permesso la violenza che ce l'ha tolto? Sappiamo che la violenza e la morte non nascono da Dio, ma dal cuore dell'uomo. Eppure il mistero resta. Dobbiamo allora considerare tutta la vita come un'ingiustizia? Un enorme ingiustizia? L'amore ricevuto mi fa credere che non è così. Prego affinché Dio onnipotente ci faccia sperimentare la presenza di David in mezzo a noi. David non è assente, è soltanto invisibile. Egli ci attende e ci guida dal cielo.

Vorrei essere per voi semplicemente l'amico di David che vi invita nel suo nome a vivere ancora. I suoi occhi pieni di luce guardano nei nostri pieni di lacrime e ci invitano a supplicare affinché una Presenza più grande del nostro piccolo cuore ci dia la forza di sperare e di vivere ancora, anche per lui.

Vostro don Massimo

Il giorno che ho ricevuto dall'America la telefonata di Jonah che mi parlava di quel terribile attentato ero ancora in Francia, questa volta in Bretagna. Mi sono ripromesso di andare sul luogo dove David era morto e l'ho potuto fare quest'anno, durante un pellegrinaggio in Terra Santa. Con Jonah e la mamma di David abbiamo mangiato qualcosa nella caffetteria dell'università dove è esplosa quella bomba. Poi la signora ha tirato fuori dalla sua borsa un piccolo libro rilegato, il libro dei salmi, e ne abbiamo letto assieme uno, con l'animo pieno di tristezza e, assieme, di una grande gratitudine verso David.

Massimo Camisasca

Jonah e David (da sinistra a destra) ad Avignone. Primo giorno di un viaggio lungo la Provenza in autostop (estate 1998).

David e Jonah in Provenza (estate 1998).

Jonah e David suonano per un pranzo di Pasqua (2002).

I genitori di David, Nevenka e Norman, mostrano le foto del pranzo di Pasqua agli amici, dopo la morte di David (agosto 2002).